DIE INDUSTRIELLE ENTWICKLUNG
POLENS.

DIE

INDUSTRIELLE ENTWICKLUNG

POLENS.

VON

ROSA LUXEMBURG,

DOKTOR DER STAATSWISSENSCHAFTEN.

LEIPZIG,

VERLAG VON DUNCKER & HUMBLOT.

1898.

Vorwort.

Obwohl das Thema der nachstehenden Abhandlung ein sehr specielles ist, glauben wir doch, daſs es aus verschiedenen Gründen auch für den westeuropäischen Leser ein nicht geringes Interesse bieten dürfte. Die ökonomischen Fragen stehen heute im Vordergrunde des geistigen Lebens aller civilisierten Länder, man hat in ihnen bereits die Triebfeder des ganzen gesellschaftlichen Seins und Werdens erkannt; die politische Physiognomie, die historischen Schicksale eines Landes sind für uns ein Buch mit sieben Siegeln, wenn wir nicht sein wirtschaftliches Leben mit allen sich daraus ergebenden socialen Folgen kennen.

Es ist noch nicht lange her, daſs Polens Name in der ganzen civilisierten Welt wiederhallte, daſs seine Geschicke alle Gemüter bewegten, alle Herzen in Erregung brachten. In der letzten Zeit hört man wenig mehr von Polen und zwar — seit Polen ein kapitalistisches Land ist. Will man nun wissen, was aus dem alten Rebellen geworden, wohin ihn die historischen Schicksale lenken — die Antwort kann nur durch die Erforschung seiner ökonomischen Geschichte der letzten Jahrzehnte gegeben werden. Man kann die sogenannte „polnische Frage" von verschiedenen Standpunkten betrachten und diskutieren, für denjenigen aber, der in der materiellen Entwicklung der Gesellschaft den Schlüssel zu ihrer politischen Entwicklung erblickt, kann die polnische Frage nur auf Grund des ökonomischen Lebens Polens und dessen Tendenzen gelöst werden. Wir haben uns bemüht, in der folgenden Abhandlung das vorhandene Material zur Lösung der Frage zu sammeln und möglichst übersichtlich zu ordnen, wobei wir uns stellenweise auch einige direkte Fingerzeige politischer Natur erlaubt haben. Das auf den ersten Blick trockene und specielle Thema dürfte also auch für den Politiker von einigem Interesse sein.

Dies aber noch aus anderen Gründen. Wir leben in einer Zeit, wo das mächtige Reich des Nordens eine immer wichtigere Rolle in der europäischen Politik spielt. Alle Blicke richten sich beharrlich auf Rufsland und mit Besorgnis beobachtet man die erschreckenden Fortschritte der russischen Politik in Asien. Es dürfte bald für niemand ein Geheimnis sein, dafs sich die wichtigsten kapitalistischen Länder auch über kurz oder lang auf eine ernste ökonomische Konkurrenz Rufslands in Asien gefafst machen müssen. Die ökonomische Politik des Zarenreichs kann deshalb schon für den Westeuropäer nicht ganz gleichgültig sein. Polen bildet aber einen der wichtigsten und fortschrittlichsten Industrierayons des russischen Reiches und zwar einen, in dessen Geschichte die ökonomische Politik Rufslands vielleicht am deutlichsten zum Ausdruck kommt.

Das Material zu unserer Arbeit lag zerstreut in zahlreichen, vielfach einander widersprechenden, statistischen Werken, polemischen Broschüren, Zeitungsnotizen, offiziellen und nicht offiziellen Berichten, — ein erschöpfendes Werk über die Geschichte der polnischen Industrie im ganzen und besonders über ihren heutigen Stand findet sich weder in der polnischen, noch in der russischen oder deutschen Litteratur vor. Wir glaubten daher, das rohe und zerrissene Material verarbeiten und in möglichst fertiger Form bieten zu müssen, um den Leser zu den allgemeinen Schlüssen am leichtesten gelangen zu lassen.

Inhaltsverzeichnis.

Erster Teil.

Die Geschichte und der heutige Stand der polnischen Industrie.

1. Die Manufakturperiode 1820—1850.

Die politischen Ereignisse versetzten Polen gegen Anfang des 19. Jahrhunderts in gänzlich neue Verhältnisse. Aus den eigenartigen naturalwirtschaftlichen, feudal-anarchischen Zuständen der Adelsrepublik, die wir in dem Polen des 18. Jahrhunderts vorfinden, geriet es durch die Teilungen unter ein Regime des aufgeklärten Absolutismus und unter die centralistisch-bureaukratische Administration von Preußen, Österreich und Rußland. Der uns hier interessierende russische Hauptteil Polens erhielt zwar sehr bald, noch als Herzogtum Warschau, und später nach dem Wiener Kongreß, eine eigene ständische Verfassung, sie war aber von derjenigen des alten Polens himmelweit verschieden, und der ganze administrative, finanzielle, militärische, gerichtliche Staatsapparat war auf einen modernen centralisierten Staat zugeschnitten. Mit den ökonomischen Verhältnissen, auf welche derselbe aufgepfropft war, befand er sich im grellsten Widerspruch. Das ökonomische Leben Polens konzentrierte sich nach wie vor in dem Grundbesitz. Die im 13. Jahrhundert begonnene Entwicklung des städtischen Handwerks war im 17. Jahrhundert im Sande verlaufen, die Versuche des Magnatentums am Ende des 18. Jahrhunderts, eine Manufaktur zu schaffen, gingen ebenfalls in die Brüche. Der Grundbesitz war aber ganz und gar ungeeignet, zur Basis einer modernen Staatsorganisation zu dienen. Schon durch die Abhängigkeit von dem Weltmarkt, in die er im alten Polen seit dem 15. Jahrhundert geraten war, zu einer höchst extensiven Latifundienwirtschaft und zur äußersten Erpressung der Frohnarbeit getrieben, wurde er immer irrationeller bewirtschaftet und deshalb immer unausgiebiger. Die Kriege der letzten Epoche Polens, nachher die

napoleonische Wirtschaft in dem Herzogtum Warschau, die
Kontinentalsperre und mit ihr der Rückgang der Getreide-
ausfuhr, das Sinken der Getreidepreise, die Abschaffung der
Hörigkeit 1807, alle diese verschiedenartigen Schläge hagelten
im Laufe von ungefähr zehn Jahren nacheinander auf den
Grundbesitz und hatten ihn bis an den Rand des Ruins gebracht. Da er indessen die Haupteinnahmequelle im Lande
bildete, so mußten auch die verhältnismäßig großen Kosten
der neuen Administration des Landes mit ihrer ganzen Last
wieder auf ihn fallen. Die zehnprozentige Einkommensteuer
vom Grundbesitz, welche schon im alten Polen eingeführt,
erst jetzt aber wirklich erhoben wurde, sollte nun auf
24 Prozent erhöht werden. Außerdem lasteten die Einquartie-
rungen und Lieferungen für das Militär in Natura auf dem
Adel.

Die Folge davon war, daß der Grundbesitz in kurzer
Zeit in die Klauen des Wuchers fiel. Wenn das alte Polen
infolge des Verfalls der städtischen Produktion und des
Handels keine städtische Kapitalistenklasse besaß, so taucht
gleich nach der Teilung Polens eine solche auf. Teils be-
stand sie aus eingewanderten Beamten und Wucherern, teils
aus polnischen Emporkömmlingen, die ihre materielle Existenz
der großen politischen und ökonomischen Krise des Landes
verdankten. Diese neue Bevölkerungsschicht versah nun den
geldbedürftigen Adel mit Kapitalien. In hohem Maße hat
übrigens den Anfang zu seiner Verschuldung schon die zehn-
jährige preußische Herrschaft (1796 — 1806) gemacht, während
welcher dem polnischen Adel zum erstenmal ein organisierter
Bodenkredit weit eröffnet wurde.

Für den polnischen Grundbesitz bedeutete das eine förmliche Revolution. Was in den westeuropäischen Ländern im
Mittelalter durch eine langsame und stete Wirkung von Jahr-
hunderten bewerkstelligt wurde — die Zersetzung des patri-
monialen Grundbesitzes durch den Wucher — das ward in
Polen, wo sich der Grundbesitz vom Wucher bis zu Ende
der Republik frei gehalten hatte, jetzt in weniger als zwanzig
Jahren fertig gebracht. Schon im Jahre 1821 mußte er von der
Regierung des Königreiches durch eine Ausnahmsmaßregel
— das Moratorium — vor dem Untergang gerettet werden.

Unter solchen Umständen wurde das Deficit gleich von
Anfang an zu einer stehenden Erscheinung im Budget des
Königreiches. Die Schaffung neuer Einnahmequellen für den
Fiskus und neuer Gebiete ökonomischer Thätigkeit im Lande
wurde deshalb für das Königreich vom ersten Augenblick an
zu einer Existenzbedingung. Nach dem Vorbild anderer
Staaten und von unmittelbaren Bedürfnissen getrieben, unter-
nahm nun die Regierung die Gründung einer städtischen Industrie in Polen.

Das Jahrzehnt 1820—1830 ist die Entstehungsperiode der polnischen Industrie oder richtiger der polnischen Manufaktur.

Bezeichnenderweise ist sie ganz ähnlich der ehemaligen Entstehung des polnischen Handwerks auf dem Wege der Herbeiziehung fremder, meist deutscher Handwerker zustande gekommen. Ebenso wie im 13. Jahrhundert die polnischen Fürsten durch allerlei Privilegien fremde Arbeiter nach Polen zu locken suchten, so auch die Regierung Kongreſs-Polens. Eine ganze Reihe von bezüglichen Zarenukasen wurde in den Jahren 1816—1824 erlassen. Die Regierung stellte unentgeltlich Häuser, Baumaterial zur Verfügung, erlieſs den Pachtzins, gründete den sogenannten eisernen Fonds zur Errichtung von Industriegebäuden und Wohnhäusern für Industrielle. 1816 wurde den einwandernden Handwerkern die Befreiung von allen Steuern und öffentlichen Lasten für sechs Jahre zugesichert, ihre Söhne vom Militärdienst befreit und die zollfreie Einführung ihrer Mobilien gestattet. 1820 gewährte die Regierung den Einwanderern für zehn Jahre unentgeltlichen Bezug von Baumaterial aus Staatswäldern und errichtete eigene Ziegeleien, um ihnen möglichst billige Ziegel zu liefern.

Ein Gesetz vom Jahre 1822 befreite alle industriellen Unternehmungen für drei bis sechs Jahre von der Einquartierung. 1820 und 1823 wurde verordnet, daſs die Städte zu diesen Unternehmungen Plätze für sechs Jahre zinsfrei herzugeben haben. Der für Zwecke der industriellen Kolonisation 1822 gegründete Industriefonds betrug anfangs 45 000 Rubel, 1823 schon das Doppelte und von da an 127 500 Rubel jährlich[1].

So mannigfache Anziehungsmittel verfehlten nicht ihre Wirkung. Bald kamen deutsche Handwerker truppweise nach Polen und siedelten sich an. Ungefähr zehntausend deutsche Familien sind zu jener Zeit in wenigen Jahren eingewandert. Auf diese Weise entstanden bald die heute wichtigsten industriellen Städte: Lodz, Zgierz, Rawa, Pabjaniz u. a. Neben Handwerkern rief die Regierung Kongreſs-Polens zur Leitung ihrer Unternehmungen hervorragende Industrielle vom Auslande herbei: Coqueril aus Belgien, Fraget, Girard u. a. Die Regierung Kongreſs-Polens begnügte sich jedoch nicht mit der Gewährung von Privilegien an Einwanderer und mit der Errichtung deutscher Manufakturstädte. Im Unterschied vom mittelalterlichen Handwerk konnte sich die Manufaktur nicht mit dem engen Konsumtions- und Cirkulationskreis innerhalb

---

[1] O. Flatt, Beschreibung der Stadt Lodz, S. 133—142. — M. Zawielejsky, Statistik des Königreichs Polen, S. 170—171. — Diplomatic and Consular Reports on Trade and Finance, Nr. 321, S. 5. — Dr. T. Rutowski, Zur Frage der Landesindustrie, S. 34 u. ff.

je einer Stadt begnügen, sie erforderte von vornherein einen Massenabsatz, daher auch einen wenigstens auf das ganze Land sich erstreckenden Warenverkehr. Deshalb mußte die Regierung gleichzeitig mit der Gründung von Manufaktur-kolonien eine Reihe administrativer und legislativer Reformen vornehmen, welche das Land ökonomisch zu einem Komplex vereinigen und die notwendigen juristischen Formen für den inneren Warenverkehr schaffen sollten. Die größte Bresche in die Eigentums- speciell die Grundeigentumsverhältnisse des alten Polens hatte bereits der im Herzogtum Warschau 1808 eingeführte Code Napoléon gelegt. Er hatte juristische Formen einer modernen bürgerlichen Ökonomik in ganz fertiger Ge-stalt auf ökonomische Zustände einer rein feudalen Natural-wirtschaft aufgepfropft. Ohne die Produktionsweise an sich im mindesten umgestalten zu können, hatte er jedoch die alten Eigentumsverhältnisse stark durchlöchert und so ihre Zer-setzung beschleunigt. Durch die Abschaffung der ewigen Renten, der Fideikommisse u. a. wurde der Grundbesitz aus der Unbeweglichkeit gerissen und in die Cirkulation ge-schleudert. — Zugleich hatte der Code Napoleon für den Handel und die Handelsgerichtsbarkeit rechtliche Normen ge-liefert. 1817 wurden ferner Handels- und Manufakturkammern errichtet und das Handelsreglement zum Abschluß gebracht, im folgenden Jahre Hypothekenbücher eingeführt, 1825 die Land-kreditgesellschaft gegründet[1]. Seit 1819 nahm man von Staats-wegen den Bau von Chausseen und die Regulierung von Wasserstraßen, 1825 die Anlage des Kanals zwischen dem Niemen und der Weichsel in Angriff[2]. Die Regierung ging endlich auch, ganz wie in anderen Ländern in den Anfängen der Manufaktur, mit eigenen industriellen Gründungen voran, richtete Musterbetriebe, Musterschafzucht u. dgl. ein. Den mächtigsten Stützpunkt gab sie aber der aufkeimenden Manu-faktur durch die Gründung der Polnischen Bank, die durch den Zarenukas von 1828 ins Leben gerufen und nach dem Vorbild der deutschen „Seehandlung" und der belgischen „Société générale" eingerichtet wurde. Das war eine Emissions-, Effekten-, Depositen-, Hypotheken-, Kommissions- und In-dustriebank zugleich. Dotiert ursprünglich mit einem Fonds im Betrage von 3 Millionen Rubel, bekam sie daneben noch Depositen-, Kautions-, geistliche, Feuerversicherungs-, Pensions-und andere Kapitalien auf Depot, was bis 1877 zusammen 282 Millionen Rubel repräsentierte. Die Bank eröffnete der Industrie, ebenso wie der Landwirtschaft Kredit. Im Laufe von 50 Jahren seit ihrer Gründung hat sie den kommerziellen

---

[1] J. Posnansky, Produktivkräfte des Königreichs Polen, S. 67 u. 106. — M. Zawielejsky, l. c. S. 71.

[2] J. Posnansky, l. c. S. 140.

und industriellen Unternehmungen allein Kredit im Betrage von 91 Millionen Rubel gewährt. Die Thätigkeit der Bank war äufserst vielseitig. Sie gründete nicht nur selbst Fabriken, betrieb den Bergbau und die Landwirtschaft, sondern sorgte auch für Verkehrsmittel. Die erste polnische Eisenbahnlinie „Warschau-Wien" 1845 war hauptsächlich das Werk der Polnischen Bank.

Die oben skizzierte Thätigkeit der Regierung war der erste wichtige Faktor der Entwicklung der Industrie in Russisch-Polen. Welche Umstände auch ihre fernere Geschichte beeinflufst haben mögen, ihre Entstehung verdankte sie unzweifelhaft der Initiative und den Bemühungen der Regierung.

Wir sehen zwar — wie gesagt — auch in anderen Ländern, in Frankreich und Deutschland z. B., die Regierungen an der Wiege der Manufaktur stehen und mit thätiger Hand in ihre Schicksale eingreifen. Hier boten aber die Regierungen ihre Unterstützung nur einer natürlichen Entwicklung der städtischen Produktion, welche von selbst und kraft objektiver Faktoren, wie die Accumulation des Handelskapitals, die Erweiterung des Absatzmarktes, die technische Entwicklung des Handwerks, zur Umwandlung in die manufakturmäfsige Produktionsweise vorschritt. In Polen war die Manufaktur, ganz wie ehemals das städtische Handwerk, ein in fertiger Gestalt importiertes fremdes Produkt, welches weder in technischer noch in socialer Beziehung an eine eigene ökonomische Entwicklung Polens anknüpfen konnte. Die Thätigkeit der Regierung war hier daher der einzige positive Faktor der Entstehung der Manufaktur, und dies erklärt uns die Vorliebe, mit welcher polnische Ökonomisten und Publizisten auf dieselbe zurückkommen, dabei ihre Bedeutung in der Geschichte der polnischen Industrie im ganzen nur zu oft überschätzend. Vor allem vergessen sie aber, dafs die autonome polnische Regierung in ihrer geschilderten Thätigkeit im innigsten Einvernehmen mit dem russischen Zarismus handelte, der dabei von Absichten geleitet war, die in nationaler Beziehung nichts weniger als freundlich Polen gegenüber waren.

Die Bemühungen der Regierung Kongrefs-Polens fanden übrigens vom ersten Augenblick an den günstigsten Boden in den Zollverhältnissen Polens vor. Durch die Wiener Kongrefsakte erfolgten für Polen in dieser Beziehung zwei wichtige Mafsregeln, erstens wurde es mit Rufsland vereinigt, zweitens wurde ihm der freie Handelsverkehr mit den anderen Landesteilen des ehemaligen Polens, oder, was im Grunde genommen dasselbe bedeutete, mit Deutschland und Österreich, gesichert. Was die Vereinigung mit Rufsland betrifft, so wurden die Handelsbeziehungen zwischen den beiden Ländern durch den Zolltarif von 1822 und 1824 dahin reguliert, dafs dieselben

eigene Erzeugnisse fast zollfrei miteinander austauschten [1]. Die
Bedeutung dieser Neuregelung für Polen wird aber erst klar,
wenn man ins Auge faſst, daſs Ruſsland seit dem Jahre 1810
und besonders später unter der Leitung von Kankrin eine
äuſserste, oft an Unsinn grenzende Prohibitivpolitik Europa
gegenüber befolgte, und von allen Seiten durch eine unüber-
steigliche Zollmauer vor fremden Fabrikaten geschützt war.
Durch die Vereinigung mit Polen auf Grund der erwähnten
Zolltarife wurde Ruſsland nun von dieser Seite den deutschen
Waren zugänglich gemacht. Für Polen hatte diese Thatsache
zur Folge, daſs es zur Werkstatt für die Bearbeitung deutscher
Halbfabrikate wurde, welche meist zollfrei nach Kongreſs-
Polen eingeführt, hier appretiert wurden und als polnische
Fabrikate wieder fast zollfrei nach Ruſsland wanderten. Auf
solchem Wege kam namentlich die groſse Tuchfabrikation
Polens in wenigen Jahren in Blüte [2]. Erst in den Jahren 1817
bis 1826 gegründet, erreicht sie im Jahre 1829 schon die
für die damalige Zeit ansehnliche Höhe von 5 752 000 Rubel
Produktionswert [3]. Daſs dieses überraschend rapide Wachstum fast ausschlieſslich dem russischen Konsum zu verdanken
war, zeigt die folgende Tabelle der Ausfuhr von Wollfabrikaten
nach Ruſsland in tausend Rubel:
    1823: 1 865,   1825: 5 058,   1827: 7 218,   1829: 8 418 [4].
Wenn der Wert der exportierten Fabrikate nach dieser Tabelle
den Wert der im Lande produzierten übersteigt, so rührt dies
daher, daſs auſser den in Polen verfertigten Waren auch
deutsche nach Polen geschmuggelte fertige Fabrikate unter
polnischer Marke massenhaft nach Ruſsland ausgeführt wurden.

Die erwähnten Zollverhältnisse hatten aber für Kongreſs-
Polen noch eine andere wichtige Seite. Sie eröffneten ihm
einen freien Handelsweg nach China, wohin ebenfalls polnisches
Tuch in groſsem Umfange exportiert wurde. Dieser Export
betrug nämlich in tausend Rubeln:

---

[1] Die Rohprodukte Ruſslands und Polens wurden ganz zollfrei
erklärt, die Fabrikate aus eigenen Rohstoffen mit 1 %, aus fremden mit
3 % Zoll ad val. getroffen. Eine Ausnahme bildeten der Zucker und
die Baumwollstoffe, welche mit 25 % resp. 15 % ad val. verzollt wurden.
Für Polen, welches aus Ruſsland Baumwollstoffe in groſsem Umfange
bezog, war dieser vom Standpunkte Ruſslands ganz sinnlose Tarif
äuſserst günstig, da er die polnische Baumwollindustrie vor russischer
Konkurrenz schützte, die Ausfuhr polnischer Wollstoffe nach Ruſsland
aber gleichzeitig förderte.
[2] O. Flatt, l. c. S. 62. — K. Lodyschensky, Geschichte des russischen
Zolltarifs, S. 217 u. 218.
[3] W. Zalensky, Vergleichende Statistik des Königreichs Polen, S. 147.
[4] Lodyschensky, l. c. S. 218. Nach Rodecki betrug die Ausfuhr der
Erzeugnisse der polnischen Wollindustrie nach Ruſsland im J. 1827
13,2 Millionen polnische Gulden (à 15 Kopeken). (Geographisch-Statistisches Bild des Königreichs Polen, Tabelle III.)

1824: 331, 1826: 332, 1828: 1 024, 1830: 1 070[1].
Obwohl sich die ganze Ausfuhr Polens in dem ersten Jahrzehnt seiner industriellen Entwicklung eigentlich nur auf einen
einzigen Zweig, die Wollproduktion, erstreckte, so war doch
ihre Bedeutung für das Land eine grofse, da sie auch auf
andere Produktionszweige belebend rückwirkte und die Ein-
wanderung deutscher Handwerker mächtig förderte. Ein Historiker des polnischen Textilindustriecentrums, der Stadt Lodz,
nennt den damaligen Tuchhandel Polens mit Rufsland und
China „die Haupttriebfeder der Entwicklung der Industrie"[2].

Im Jahre 1831 nahm jedoch dieser Handel ein Ende. Der
polnische Aufstand, der für einige Zeit die Entwicklung der
Manufaktur im Lande lahmlegte, hatte noch zur dauernden
Folge, dafs in dem erwähnten Jahre der Zolltarif zwischen
Polen und Rufsland bedeutend erhöht wurde[3]. Schon längst
war die Konkurrenz des polnischen Tuchs in Rufsland und
China den russischen Fabrikanten ein Dorn im Auge. Ihre
wiederholten Gesuche um Erhöhung der Zollsätze an der polnischen Grenze blieben jedoch ohne Folgen, bis der Aufstand
von 1831 und mit ihm der Stillstand in der Ausfuhr polnischen
Tuches nach Rufsland den dortigen Industriellen die Möglichkeit gewährt hatte, das geräumte Feld durch Erweiterung der
eigenen Produktion rasch in Besitz zu nehmen und so der
Regierung zahlenmäfsig nachzuweisen, wie sehr die „vaterländische" Industrie von der polnischen Konkurrenz bis dahin
zu leiden gehabt hatte. Mit der Erhöhung des Zolltarifs und
zugleich der Aufhebung des freien Transits nach China sinkt
die polnische Ausfuhr rapid:

1834 betrug sie im ganzen 2 887 tausend Rubel,
           davon Fabrikate 2 385   -   -
1850 betrug sie im ganzen 1 274   -   -
           davon Fabrikate 755   -   -   [4].

Für die polnische Wollproduktion war das ein harter Schlag.
Nachdem ihr Wert im Jahre 1829 — wie wir gesehen — die
Höhe von 5 752 000 Rubel erreicht hatte, sank er im Jahre
1832 auf 1 917 000 Rubel und stieg erst nach und nach auf
2 564 000 Rubel 1850, also auf die Hälfte des ehemaligen Be-
trages[5].

---

[1] Lodyschensky, l. c. S. 219.
[2] O. Flatt, l. c. S. 61.
[3] K. Lodyschensky, l. c. S. 223. Rohprodukte wurden, wie ehedem,
zollfrei importiert, viele Fabrikate drei bis fünf Mal stärker verzollt,
der Zoll auf den wichtigsten Ausfuhrartikel aber, auf Wollfabrikate bis
zur gleichen Höhe mit demjenigen, den die russischen Baumwollerzeugnisse bei der Einfuhr nach Polen zahlten, d. h. auf 15 % ad valorem
gesteigert.
[4] J. J. Janschul, Umrifs der historischen Entwicklung der Industrie
im Königreich Polen, S. 32.
[5] Dr. T. Rutowski, l. c. S. 241.

Für die nächsten Schicksale der polnischen Manufaktur im ganzen konnte jedoch die russische Grenzsperre von keiner großen Bedeutung sein. Weder waren damals in Rußland selbst die Bedingungen für eine wachsende Nachfrage nach Fabrikaten gegeben, noch waren auch die Verkehrsmittel zum Massentransport geeignet. Der große Tuchexport kann vorzugsweise nur durch den Bedarf der russischen Armee erklärt werden. Im übrigen hatte die polnische Manufaktur noch nicht einmal Zeit gehabt, sich einen inneren Markt zu schaffen. Nach der Sperrung der russischen Zollgrenze fährt sie daher langsam fort, durch begünstigende Regierungsmaßnahmen und besonders durch die Polnische Bank unterstützt, im Lande Fuß zu fassen. In den folgenden zwei Jahrzehnten entwickeln sich gut viele Produktionszweige, so in den dreißiger Jahren die Gerberei und die Seifenfabrikation, in den vierziger die Zuckerproduktion, ebenso in den dreißiger Jahren der Bergbau, desgleichen die Papierfabrikation[1]. Dem Wachstum der Industrie in Polen waren jedoch durch die socialen Zustände des Landes ziemlich enge Schranken gezogen. Im ganzen nur die winzige Zahl von 4 bis 5 Millionen Menschen darstellend, lebte die Bevölkerung Kongress-Polens obendrein zum größten Teil in Naturalwirtschaft. Trotz der Abschaffung der Hörigkeit im Jahre 1807 blieb die Frohnarbeit die herrschende Arbeitsweise in der Landwirtschaft und dadurch waren die Grundbesitzer, ebenso wie die Bauern vom Waren- und Geldverkehr in hohem Maße abgeschnitten. Die Städte kamen erst langsam auf, und wenig bevölkert und arm, wie sie waren, konnten sie ebenfalls keine starke Nachfrage für die Manufakturprodukte schaffen. Die Entwicklung ist denn auch eine sehr langsame. Nach 30 Jahren seit ihrer Entstehung, in welcher Periode die polnische Manufaktur vorwiegend auf den inneren Markt angewiesen war, sehen wir sie noch in ganz zwerghaften Dimensionen befangen. Der fortschrittlichste aller Industriezweige, die Textilindustrie, wird noch in den fünfziger Jahren vorwiegend durch Handarbeit, ohne Dampfkraft, deshalb auch nur von gelernten Handwerksmeistern und Gesellen ohne eine Spur von Frauenarbeit betrieben. Im ganzen weist schon die Zersplitterung der Produktion auf ihren vorwiegend handwerksmäßigen Charakter hin, denn noch im Jahre 1857 sehen wir in Polen 12542 „Fabriken" mit 56364 Arbeitern und 21278592 Rubel Produktionswert: im Durchnitt 4—5 Arbeiter und 1700 Rubel Produktion auf eine „Fabrik"[2].

Den obigen Verhältnissen entsprechend, spielt auch die

---

[1] l. c. S. 250 u. 251, J. G. Bloch, Fabrikindustrie des Königreichs Polen, S. 29—31, 111—112, 12—13 u. 58.

[2] T. Zalenski, l. c. S. 172.

städtische Industrie in dem socialen Leben Polens bis zu den fünfziger und sogar bis zu den sechziger Jahren nur eine untergeordnete Rolle. Tonangebend in der Ökonomik wie in der Politik des Landes blieb immer noch der Grundbesitz. Ja, die breite Masse der mittleren Grundbesitzer, diejenige, welche zur Zeit die öffentliche Meinung darstellte, betrachtete sogar die aufkeimende städtische Industrie und mit ihr die kapitalistische Wirtschaft als eine ausländische giftige Pflanze, als einen „deutschen Schwindel", der an der verzweifelten Lage des Grundbesitzes und des ganzen Landes die Schuld trage.

2. Der Übergang zur Großsindustrie 1850—1870.

Wir haben die ersten Anfänge und die Entwicklung der Industrie in Polen auf dem inneren Markte kennen gelernt. Wir haben gesehen, daß sie ihre Entstehung den Bemühungen der Regierung verdankte und daß sie infolge des beschränkten inneren Marktes bis zu den fünfziger Jahren die Formen der Manufaktur nicht abzustreifen vermochte. Hier ist aber die erste Epoche ihrer Geschichte zu Ende, und es beginnt ein neues Blatt derselben. Seit den fünfziger Jahren tritt nämlich eine Reihe neuer Faktoren auf, die, obgleich an sich sehr verschieden, in letzter Linie doch alle bewirken, daß der polnischen Produktion die russischen Absatzmärkte erschlossen werden und damit ein Massenabsatz gesichert wird. Dies bringt allmählich eine völlige Umwälzung in der polnischen Industrie hervor und verwandelt sie aus einer Manufaktur in eine echte fabrikmäßige Großsindustrie. Wir können deshalb die zweite Periode in ihrer Geschichte als die großsindustrielle Periode bezeichnen. Die Jahrzehnte 1850—1870 bilden die Übergangszeit von der ersten in die zweite Phase.

Es waren vier wichtige Faktoren, welche in der erwähnten Übergangsperiode die polnische Industrie revolutioniert haben.

Erstens die Abschaffung der Zollgrenze zwischen Rußland und Polen. Im Jahre 1851 wurden die Zollverhältnisse Polens nach zwei Richtungen umgestaltet. Einerseits wurde die Zollgrenze, welche es bis dahin von Rußland trennte, beseitigt, andererseits der selbständigen Handelspolitik Polens nach außen hin ein Ende gemacht, und Polen in das allgemeine russische Zollgebiet aufgenommen[1]. Auf diese Weise bildet Polen seither in handelspolitischer Beziehung ein einziges Ganzes mit Rußland[2]. Für Polen lag zunächst

---

[1] K. Lodyschensky, l. c. S. 252.

[2] Die Zollvereinigung mit Polen hat eine Neuerung in dem russischen Zollsystem, den sogen. differentiellen Zolltarif zur Folge gehabt. Da nämlich Polen bis dahin eine bedeutend mehr freihändlerische Politik

die grofse Bedeutung der Zollreform von 1851 darin, dafs
ihm nun eine vollständig freie Warenausfuhr nach Rufsland
ermöglicht wurde. Die polnische Manufaktur bekam so die
Aussicht, für einen gröfseren Massenabsatz zu produzieren, die
engen Schranken des inneren Marktes zu überschreiten und
zur wirklichen Fabrikindustrie zu werden. Diese Erscheinungen
konnten jedoch erst nach einer längeren Frist eintreten. In
dem Augenblicke, wo die Zollschranke zwischen Polen und
Rufsland beseitigt wurde, standen noch drei wichtige Hindernisse einer wirklichen Massenausfuhr der polnischen Fabrikate
nach Rufsland im Wege: erstens besafs die Manufaktur in
Polen, da sie bis dahin vorwiegend den Anforderungen des
inneren Marktes angepafst war, noch nicht diejenige Fähigkeit einer raschen sprungweisen Erweiterung, die eine grofse
Fabrikindustrie in so hohem Mafse charakterisiert. Zweitens
waren keine modernen Verkehrsmittel zwischen Polen und
Rufsland vorhanden, drittens hatte auch in Rufsland der innere
Absatzmarkt für Fabrikate beschränkte Dimensionen, was
durch das Bestehen der Leibeigenschaft und der Naturalwirtschaft bedingt war. In allen diesen Verhältnissen tritt nun
aber auch bald eine vollständige Umwälzung ein.

Schon der K r i m k r i e g wirkte auf die polnische, ebenso
wie auf die russische Manufaktur revolutionierend ein. Die
Blockade der Seegrenzen Rufslands unterbrach zum grofsen
Teil die Zufuhr ausländischer Waren, zum anderen Teil
richtete sich dieselbe nach der westlichen Landgrenze, nach
Polen, welches zum Wege eines lebhaften Transithandels
wurde. Wichtiger war aber die durch den Bedarf der russischen Armee geschaffene Massennachfrage, vor allem nach
Produkten der Textilindustrie. Das Wachstum der letzteren
belief sich auch in Rufsland in den Jahren 1856—1860 auf
11,6 % jährlich für die Baumwollspinnerei, auf 5,5 % für die
Baumwollweberei und auf 9,4 % für die Färberei und Appretur [1]. In Polen läfst sich ein noch gröfserer Sprung wahrnehmen. Der Produktionswert war in tausend Rubel:

	1854	1860	+ %
in der Leinwandindustrie	723	1 247	+ 72 %
- - Wollindustrie	2 044	4 354	+ 113 %
- - Baumwollindustrie	2 853	8 091	+ 183 % [2]

Die Zeit des Krimkrieges führte aber eine tiefe Umwälzung
auch in der Technik der Textilindustrie herbei; sie brachte

---

als Rufsland Westeuropa gegenüber befolgte, so wurde auch bei der
Ausdehnung der russischen Zollgrenze auf Polen eine Unterscheidung
zwischen der See- und der Landgrenze gemacht, wobei für die letztere
niedrigere Tarife festgesetzt wurden.

[1] Geschichtlich - statistische Rundschau der Industrie Rufslands,
II, S. 95.

[2] Dr. T. Rudowski, l. c. S. 241.

die Einführung des mechanischen Webstuhls und der mechanischen Spindel in Rufsland und in Polen. Im Jahre 1854 wurde in Lodz die jetzige Riesenfabrik Scheiblers zuerst mit 100 Webstühlen und 18 000 Spindeln gegründet[1]. Im folgenden Jahre wurde in Rufsland die erste mechanische Leinenspinnerei errichtet, worauf 1857 auch in Polen die gröfste, heute noch die einzig in Betracht kommende Leinwandfabrik „Zyrardow" aus einer Handweberei in eine mechanische verwandelt wurde[2].

Das zweite wichtige Ereignis war die Errichtung einer ganzen Reihe von Eisenbahnlinien zwischen Polen und den entlegensten Gegenden Rufslands. 1862 wurde Polen mit St. Petersburg verbunden, 1866 mit Wolhynien, Weifsrufsland und Podolien, 1870 mit Moskau, 1871 mit Kiew, 1877 mit Südrufsland. Andererseits wurden durch den fieberhaften Eisenbahnbau im Innern Rufslands immer weitere Gebiete desselben dem Handelsverkehr erschlossen[3]. Dem Bau jeder Eisenbahnlinie, welche nach Rufsland führte, folgte eine verstärkte Nachfrage nach polnischen Erzeugnissen und eine Erweiterung der Produktion. Ungeachtet der niederschlagenden Wirkung des Aufstandes von 1864 und des dadurch zeitweilig lahmgelegten Verkehrs mit Rufsland hatte das Jahrzehnt 1860—1870, die Periode der technischen Revolution in den Verkehrsmitteln, zur Folge, dafs, während der Gesamtwert der industriellen Produktion Polens im Jahre 1857 nur 31 Millionen Rubel (nach einer anderen Quelle 21) betrug, er im Jahre 1872, also nach 15 Jahren, schon 73 Millionen Rubel (nach beiden Quellen) darstellte — eine Vermehrung um 135 % resp. um 248 %[4].

Das dritte Moment, welches zur industriellen Umwälzung beigetragen hat, war die Abschaffung der Hörigkeit in Rufsland 1861 und in Polen 1864 und die dadurch hervorgerufene Umwälzung der Landwirtschaft. Von nun an der unentgeltlichen Arbeitskräfte der Frohnbauern beraubt,

---

[1] J. J. Janschul, l. c. S. 36.
[2] Geschichtlich-statistische Rundschau, II, S. 23.
[3] Das gesamte Eisenbahnnetz in Rufsland war:

1838	25 Werst	1860	1 490 Werst
1850	468 -	1865	3 577 -
		1870	10 090 -

Lassen wir hier gleich noch die Angaben aus der späteren Zeit folgen:

1875	17 718 Werst	1890	28 581 Werst
1880	21 226 -	1892	29 156 -
1885	24 258 -		

(Der Bergbau Rufslands, — Bericht zur Chic. Ausstellung 1893, S. 61). Von 1891—96 wurde der Verkehr auf 10 625 Werst neuer Eisenbahnlinien eröffnet, jetzt befinden sich wiederum über 10 000 Werst im Bau. („Arbeiten der Freien Ökonomischen Gesellschaft", Nr. 6, November-Dezember 1897, S. 132.)
[4] G. Simonenko, Vergleichende Statistik des Königreichs Polen, S. 127. — T. Zalenski, l. c. S. 172 und 223.

waren auch die Grundbesitzer auf die Anstellung von Lohn-
arbeitern und auf den Ankauf von Produkten der Industrie,
die sie früher vielfach auf den eigenen Frohnhöfen hatten ver-
fertigen lassen, angewiesen. Auf der anderen Seite bekam
dadurch die grofse Bauernmasse Geld in die Hand und wurde
ebenfalls Käufer für Fabrikerzeugnisse. — Im Zusammenhang
damit steht eine Reform im Steuerwesen und der Anfang jener
Erpressungspolitik der Regierung der russischen Bauernschaft
gegenüber, die auch den Kleinbauern mit seinem Arbeits-
produkt gewaltsam auf den Warenmarkt treibt und, indem sie
die ländliche Naturalwirtschaft immer mehr zersetzt, in demselben Mafse für die Geldwirtschaft und den Massenabsatz
von Fabrikaten den Boden bereitet. Die andere Folge der
Reform war die Proletarisierung breiter Bauernschichten, also
die „Freisetzung" einer Masse von Arbeitshänden, welche sich
der Industrie zur Verfügung stellten.

So sehen wir in Rufsland im Anschlufs an den Krimkrieg
eine Umwälzung in allen socialen Verhältnissen sich vollziehen.
Der Zusammenbruch des alten Patrimonialgrundbesitzes und
der Naturalwirtschaft, die Reformierung des Steuer- und
Finanzwesens, die Errichtung eines ganzen Netzes von Eisenbahnen — alles dies bedeutete für die Industrie Rufslands die
Schaffung von Absatzmärkten, Absatzkanälen und Arbeitshänden. Da aber Polen seit der Aufhebung der Zollgrenze
im Jahre 1851 handelspolitisch mit Rufsland ein Ganzes bildete,
so wurde auch die polnische Manufaktur in den grofsen Strudel
der ökonomischen Umwälzung Rufslands hineingezogen und
von dem rasch wachsenden Massenabsatz in eine wirkliche
Fabrikindustrie verwandelt.

Ende der siebziger Jahre tritt aber noch ein viertes
wichtiges Moment hinzu, das die polnische Fabrikproduktion binnen weniger Jahre zu einer Grofsindustrie
macht, wie wir sie heute in Polen sehen, und dieses ist die
Zollpolitik Rufslands.

3. Die Periode der Grofsindustrie in Polen.

Schon seit dem Anfang des Jahrhunderts befolgte Rufsland, wie erwähnt, eine höchst protektionistische Politik. Der
Krimkrieg brachte jedoch auch hierin, wie auf allen anderen
Gebieten des socialen Lebens, einen Wandel hervor. In der
„liberalen Periode" der sechziger Jahre wurden die Zolltarife
bedeutend ermäfsigt. Die freihändlerische Richtung dauerte
aber nicht lange. Durch die Reformen selbst, besonders durch
den kostspieligen Eisenbahnbau, geriet die Regierung in enorme
Schulden dem Auslande gegenüber, und zum Zwecke der Auf-
treibung von Gold wurde 1877 der Goldzoll eingeführt. Mit

diesem Moment hat Rufsland die Bahn einer immer strengeren Schutzzollpolitik betreten.

Schon der Goldzoll bedeutete bei dem sinkenden Kurs des papierenen Rubels eine Erhöhung der Zollsätze in den ersten Jahren um 30 %, in den folgenden um 40 % bis 50 %. Im Jahre 1880 entstand wiederum ein Deficit in der Staatskasse infolge der Abschaffung der Salzsteuer. Zum Ersatz erfolgte 1881 eine allgemeine Zollerhöhung um 10 %. 1882 wurden mehrere einzelne Zollsätze erhöht, wie die für Leinwand, Wollgarn, chemische Produkte, Farbstoffe u. s. w., 1884 fand eine abermalige Erhöhung verschiedener einzelner Zollsätze statt, wie z. B. des für Seidengarn, 1885 eine fast allgemeine Erhöhung des Zolltarifs um 20 %, 1887 wiederum eine partielle Steigerung einzelner Zollposten, desgleichen 1891 [1].

Selbstverständlich bezweckte der Protektionismus gegebenenfalls aufser den fiskalischen Einnahmen vor allem den Schutz der einheimischen Industrie vor ausländischer Konkurrenz.

Die Folgen eines so anhaltenden Hinaufschraubens des Zolltarifs waren zweierlei. Erstens ging die Einfuhr ausländischer Fabrikate und Halbfabrikate rapid zurück. Die Gesamteinfuhr über die europäische Grenze Rufslands betrug jährlich in Millionen Gold-Rubel:

1851—1856:	74	1876—1881:	326
1856—1861:	120	1881—1886:	304
1861—1866:	121	1886—1891:	224
1866—1871:	212	1891:	220
1871—1876:	364	1892:	219 [2].

Die Einfuhr von Fabrikaten und Halbfabrikaten, welche viel höher verzollt werden als Rohstoffe, schrumpfte noch viel stärker zusammen, als aus der obigen Tabelle ersichtlich. Somit wurde auf den russischen Märkten für die einheimische — russische und polnische — Industrie Platz gemacht und dieselbe von der ausländischen Konkurrenz in hohem Mafse befreit.

Die andere natürliche Folge hiervon war die allgemeine Steigerung der Warenpreise. Man hat neulich berechnet, dafs der russische Konsument die meisten Waren viel teurer bezahlen mufs als z. B. der deutsche, so:

den Thee um	304 %
- Tabak um	687 %
die Kohle um	200 %
das Papier um	690 %

---

[1] Die Fabrikindustrie Rufslands (Bericht zur Chic. Ausstellung 1893), XIX, S. 156—183.
[2] l. c. XX, S. 185.

die Leinwand um . . . . 225 %
- Baumwollprodukte um . . . . . 357 %
- landwirtschaftlichen Maschinen um 159 % [1].

Was die Metallindustrie betrifft, so kostet z. B. dem Amerikaner ein Pud Drahtnägel mittlerer Gröfse 1—1,50 Rubel, während der Russe allein an Zoll auf diesen Artikel 3,20 Rubel und für das Produkt im ganzen 4 bis 8 Rubel zahlt. — Im Verhältnis zum Werte der wichtigsten Metalle machte der Zoll 1896 aus: bei Eisenerz 70 %, Eisen 45 % und Stahl 35 % [2].

Unter solchen Monopolbedingungen fing die russische und die polnische Industrie an, ungeheure Profite auf dem inneren Markte einzustreichen. Einen annähernden Begriff von diesen Profiten kann man schon aus den offiziellen Angaben der Fabrikanten selbst gewinnen. 1887 wurde z. B. der Nettogewinn angegeben:

von der „Russ. Baumwollspinnerei" in St. Petersburg auf 15 %
- - „Manufakturgesellschaft Morosoff" auf . . . 16 %
- - - „Balin" auf . . . . 16 %
- - Leinenspinnerei „Narva" auf . . . . . . 18 %
- - Baumwollspinnerei „Sampson" auf . . . . 21,3 %
- - - „Ekaterinhof" auf . . . . 23 %
- - Baumwollfärberei „Rabeneck" auf . . . 25,4 %
- - Baumwollspinnerei „Ismajloff" auf . . . . 26 %
- - Manufaktur „S. Morosoff" auf . . . . . . 28 %
- - Baumwollweberei „Neva" auf . . . . . . 38 %
- - Manufaktur „Krenholm" auf . . . . . . 44,9 %
- - Wollenfabrik „Thornton" auf . . . . . . 45 % [3].

Aus neuerer Zeit haben wir nicht minder überraschende Angaben über die Profite in der russischen Metallindustrie. Die metallurgischen Unternehmungen des südlichen Rayons werfen d u r c h s c h n i t t l i c h einen Profit von 5 0 %, die kolossalen Betriebe des Engländers Hughes sogar 1 0 0 % ab. „Nicht ohne Interesse — schreibt das offizielle Organ des Finanzministeriums — ist die Verwendung der erlangten Profite, die den Eindruck erweckt, dafs die Gesellschaften vor lauter Überflufs an Profiten gleichsam im Unklaren sind, was sie mit denselben anfangen sollen [4]," d. h. in welche Rubriken der offiziellen Berichte die Gewinne eintragen, um ihre frappante Höhe einigermafsen zu verschleiern. — Am schlagendsten zeigt wohl den Einflufs der Monopolpreise auf die Höhe der Unternehmerprofite und zugleich das Verhältnis der letzteren zu den Ausgaben für Arbeitskraft die folgende kleine Zu-

---

[1] Gesuche der Kais. Freien Ökonomischen Gesellschaft betr. Revision des russischen Zolltarifs, S. 116.

[2] „Arbeiten der Freien Ökonomischen Gesellschaft", Nr. 6 November-Dezember 1897, S. 129 u. 127.

[3] Gesuche etc., S. 150.

[4] „Der Finanzbote". Nr. 17 v. 9. Mai 1897.

sammenstellung. Der Marktpreis des Roheisens betrug in Kiew im Juli 1897 pro Pud 85 Kopeken; dabei beliefen sich die Herstellungskosten in Rufsland auf 45 Kopeken, darunter der Arbeitslohn auf 4 Kopeken pro Pud — bei einem Netto-gewinn von 40 Kopeken[1]. Das Verhältnis des Profits zu den Herstellungskosten und dem Arbeitslohn war also rund 10 : 11 resp. 10 : 1.

Den obigen enormen Profiten der russischen Unternehmer stehen aber diejenigen der polnischen, wie wir noch später sehen werden, in nichts nach. Anfangs der neunziger Jahre beliefen sich zum Beispiel die Dividenden der Zuckerfabriken in Polen bis auf 29 % [2]. In der Textilindustrie werden 40prozentige Profite als eine normale Erscheinung betrachtet[3]. Diese offiziellen Angaben der Fabrikanten sind aber notorisch um 30 bis 50 % kleiner, als die in Wirklichkeit erzielten Ge-winne. — Auf diese Weise, nachdem in den Jahren 1860—1877 alle Hauptbedingungen der industriellen Entwicklung — ein innerer Markt, Verkehrsmittel, eine industrielle Reservearmee — ins Leben gerufen worden waren, schuf die hinzugetretene Zollpolitik eine Treibhausatmosphäre der Monopolpreise, welche die russische und polnische Industrie in ein förmliches Dorado der primitiven kapitalistischen Accumulation versetzte. Mit dem Jahre 1877 begann eine Ära fieberhafter Gründungen und einer grofsartigen Accumulation des Kapitals, verbunden mit einem sprungweisen Wachstum der Produktion. Das Gesamt-bild der industriellen Entwicklung Polens unter der Wirkung der geschilderten Verhältnisse stellt sich folgendermafsen dar:

		Millionen Rubel		
	Gesammtertrag der Produktion	Baumwoll-industrie	Woll-industrie	Leinwand-industrie
1860	50 (1864)	8,1	4,3	1,2
1870	63,9	10,2	4,0	1,2
1880	171,8	33,0	22,0	5,0
1890	240,0	47,6 (1891)	35,5	6,5 [4]

[1] „Arbeiten der Freien Ökonomischen Gesellschaft", Nr. 6 No-vember-Dezember 1897, S. 134.

[2] Diplom. and Cons. Reports, Nr. 1449, S. 14.

[3] l. c. Nr. 461, S. 3.

[4] Über die Entwicklung der Metall- und Kohlenindustrie siehe weiter S. 23, 25 u. 58. — Die obige Tabelle wurde zusammengestellt nach T. Zalenski, l. c. S. 172 u. 246, J. G. Bloch, l. c. S. 151, Die Fabrik-industrie Rufslands, S. 33, Dr. T. Rutowski, l. c. S. 241, Materialien zur Handels- und Industriestatistik für das Jahr 1890, S. 158—182, — für das Jahr 1891, S. 124—144. Die angeführten Data über den Gesamt-ertrag der Produktion sind nur annähernd richtig, da sie um ein Be-deutendes unter dem thatsächlichen Produktionsumfang stehen. Sie werden meistens nach den Berichten der Unternehmer zusammengestellt, die aber, um einer höheren Besteuerung zu entgehen, notorisch die Um-sätze ihrer Fabriken zu niedrig einschätzen. So erachtet J. G. Bloch für notwendig, um zu einem richtigen Begriff über die Dimensionen der

Der stärkste Aufschwung von 1870 bis 1880, der für die gesamte Industrie + 169 %, für die Baumwollindustrie + 223 %, für die Wollindustrie + 450 %, für die Leinwandindustrie + 317 %, ist hauptsächlich ein Resultat der drei ersten Jahre (1877—80) der neuen Ära in der Zollpolitik. Wie wir unten sehen werden, hat die Einführung des Goldzolles nicht nur die plötzliche Gründung vieler neuer Unternehmungen, sondern auch die Verlegung einer ganzen Reihe deutscher Fabriken aus Sachsen und Schlesien nach dem westlichen Teile Polens nach sich gezogen.

Von den grössten Fabriken, welche die 1886 veranstaltete offizielle Enquete in Polen vorgefunden hatte, wurden errichtet:

bis 1850	1850—60	1860—70	1870—80	1880—86
18,1 %	6,8 %	13,6 %	29 %	32,5 %,

seit 1870 also 61 % aller grofsen Fabriken. Was den Produktionsumfang betrifft, so hat er sich im Zeitraum 1870—1890 in der Gesamttextilindustrie fast versechsfacht. Den Einfluss der Zollpolitik zeigt noch ganz speciell die folgende Zusammenstellung: Von den bedeutendsten Fabriken wurden gegründet:

bis 1850	1850—1877	1877—1886
18,1 %	37,2 %	44,7 % [1].

Also fast die Hälfte (heute noch mehr) aller grofsen Fabriken welche sich in Polen befinden, sind seit 1877 als direkte Folge der protektionistischen Zollpolitik entstanden.

Industrie zu gelangen, die offiziellen Data stets um 25 % höher anzuschlagen. Ein anderer polnischer Statistiker, J. Banzemer (Ein Bild der Industrie in unserem Lande), weist zahlenmäfsig nach, dafs der Brutto-Ertrag der gesamten Industrie Polens für das Jahr 1884 nicht 182 Mill. Rubel, wie die offiziellen Berichte lauten, sondern 199 Mill. Rubel betrug. Wir sind auf Grund ähnlicher Erwägungen zu dem Schlusse gekommen, dafs die Produktion in Polen schon um das Jahr 1890 nicht einen Wert von 240, sondern mindestens von 300 Mill. Rubel darstellte. — Den Gesamtertrag der Produktion für das Jahr 1890 — 240 Mill. Rubel — haben wir ermittelt, indem wir die im Berichte zur Chic. Ausst. Band über die Fabrikindustrie S. 33 angegebenen 210 Mill. Rubel der Einheitlichkeit halber um den Betrag der vom Spiritus etc. erhobenen Accise vergröfsert haben, da die Accise in den Angaben für die früheren Jahrzehnte mitenthalten ist, und sich nicht ausscheiden lässt. Die Zahl, welche sich auf den Produktionswert der gesamten Baumwollindustrie im Jahre 1891 bezieht, ist nur annähernd richtig; wir haben hier, um der Einheitlichkeit willen, die Färberei und Appretur hinzugerechnet, die, wenn auch zu einem geringen Teil, auch für andere Textilbranchen arbeiten. — Die Baumwollweberei und -spinnerei allein weist auf im Jahre 1891 86 Fabriken mit 21229 Arbeitern und 36,8 Mill. Rubel Produktionswert. Wir haben in der Tabelle dieses Jahr berücksichtigt, weil das vorhergehende für die polnische Baumwollindustrie ein ausnahmsweise ungünstiges war.

[1] Berichte der Kommission zur Untersuchung der Fabrikindustrie des Königreichs Polen, I, S. 84.

Die geschilderte Erweiterung der Produktion ging Hand in Hand mit einer Umwälzung in der Produktionsweise selbst. Überall treten plötzlich an Stelle der kleinen zersplitterten Fabriken moderne industrielle Grofsbetriebe mit weitgehender Anwendung der Dampfkraft und der neuesten technischen Einrichtungen in Bau und Betrieb. Die Konzentration in der gesamten Industrie Polens stellt sich folgendermafsen dar:

	1871	1880	1890
Zahl der Arbeiter	76 616	120 763	ca. 150 000
Produktionswert	66,7 Mill. R.,	171,8 Mill. R.,	240 Mill. R.,
Auf 1 Etablissem.	3 239 Rubel,	8 063 Rubel,	71 248 Rubel,
Auf 1 Arbeiter	882 -	[1] 1 422 -	[1] 1 600 - [2]

Die Durchschnittsziffern sind jedoch hier wie sonst nicht geeignet, einen wahren Begriff von der eingetretenen Umwälzung zu geben, da sich diese selbstverständlich nicht in allen Industriezweigen gleichmäfsig vollzogen hat. Am charakteristischsten sind die Zahlen betr. die Textilindustrie. Hier finden wir:

	1871	1880	1890
Zahl der Fabriken	11 227	10 871	635
Zahl der Arbeiter	28 046	45 753	60 288
Produktion	18,1 Mill. Rb.,	57,6 Mill. Rb.,	88,4 Mill. Rb.
Arbeiter per 1 Fabrik	2,5	4,2	95
Produkt. - 1 -	1 612 Rb.,[3]	5 303 Rb.,[3]	139 298 Rb.[4]

In der Textilindustrie zeigt aber die Baumwollindustrie den Umschwung in grellster Weise:

	1871	1880	1891
Zahl der Fabriken	10 499	3 881	163
Zahl der Arbeiter	19 894	19 576	26 307
Produktion	10,4 Mill. Rb.,	30,8 Mill. Rb.,	47,6 Mill. Rb.
Arbeiter per 1 Fabrik	1,9	5	162
Produkt. - 1 -	994 Rb.[5]	7 950 Rb.[5]	291 736 Rb.[6]

---

[1] J. G. Bloch, l. c. S. 142 u. 143. Bloch rechnet viele Kleinbetriebe hinzu, was das Bild der Konzentration gewissermafsen verschiebt.

[2] Die Fabrikindustrie, S. 33, Materialien etc. für das Jahr 1890, S. 134. Den Produktionswert pro 1 Etablissement 1890 haben wir nur für die mit Accise nicht belegten Branchen (d. h. für die gesamte Industrie aufser dem Bergbau, den Spiritusbrennereien, Tabak- und Zuckerfabriken) ermitteln können, welche freilich in diesem Jahre ihrem Ertrage nach 74 % der Gesamtindustrie ausmachen. Für andere Produktionszweige fehlen genaue Angaben über die Zahl der Betriebe.

[3] J. G. Bloch, l. c. S. 14—15.

[4] Materialien zur Handels- und Industriestatistik Rufslands für das Jahr 1890, S. 158—195.

[5] J. G. Bloch, l. c. S. 14—15. Nach Rutowski war der Wert der Baumwollproduktion 1880 33 Mill. Rubel.

[6] Materialien etc. für das Jahr 1891, S. 124—145.

Das überraschende Wachstum der Baumwollindustrie kann auch an der Zahl der Spindeln gemessen werden. Diese betrug:

1836	7,3 Tausend	
1840	27,3	-
1850	61,3	-
1863	116,2	-
1870	289,5	-
1875	385,5	-
1879	449,6	-
1882	467,6	-
1888 ca.	600,0	- [1]

Nach anderen Quellen ist die Zahl der Spindeln im Zeitraum von 10 Jahren (1877—1886) von 216 640 auf 505 622, d. h. um 134 % gestiegen. Im gleichen Zeitraum zeigt die Zahl der Spindeln in der russischen Baumwollindustrie eine Vermehrung von 32 % (speciell im Moskauer Rayon um 45 %, im Petersburger Rayon um 10 %), in der nordamerikanischen (1881—1891) um 30 % und in der englischen 8 %. Die Zahl der Webstühle ist von 1877 bis 1886 gewachsen: in der russischen Baumwollindustrie um 46 % (speciell im Moskauer Rayon um 50 %, im Petersburger Rayon um 25 %), in Polen aber um 139 % [2].

Die Anwendung der Dampfkraft in gröfserem Umfange beginnt erst in den 70er Jahren, seitdem wächst sie aber rasch.

Zahl der Dampfpferdekräfte	1875	1890
in der Gesamtindustrie	14 657	51 800 [4]
davon: in der Textilindustrie	4 220	26 772 [4]
in den Bergwerken	1 803 [3]	10 497 [5]

In den mit Accise nicht belegten Branchen hat sich die Zahl der Dampfpferdekräfte im Zeitraum von zwei Jahren von 1890 bis 1892 wieder fast verdoppelt und zwar ist sie gestiegen von 41 303 auf 81 346.

Die ganze äufsere Erscheinung des Landes hat sich in 25 Jahren von Grund aus verändert. In der Mitte wuchs das kleine Städtchen L o d z rasch zu einem grofsen Textilindustriecentrum, zum „polnischen Manchester", auf mit dem typischen Aussehen einer modernen Fabrikstadt — einer Unzahl von dicht aneinander gereihten rauchenden Fabrikschloten, einer

---

[1] A. S., Moskau und Lodz, S. 17.
[2] Die Fabrikindustrie Rufslands, 1, S. 11 u. 13. Die Zahlen für die russische Baumwollindustrie beziehen sich auf das Reich ohne Finnland und Polen.
[3] Mater. z. Statistik der Dampfmotore im Russ. Reiche, S. 158, 163.
[4] Materialien zur Handels- und Industriestatistik Rufslands für das Jahr 1890, S. 134 u. 158—194. Die erstere Zahl bezieht sich nur auf die mit Accise nicht belegten Branchen und auf die Kohlengruben.
[5] Der Bergbau Rufslands, S. 74, bezieht sich auf die Kohlengruben allein.

fast ausschliefslich aus dem Fabrikpersonal bestehenden Bevölkerung und einem ausschliefslich um die Industrie und den
Handel sich drehenden, von Fabrikpfeifen geregelten städtischen
Leben. Man findet hier eine Reihe Riesenetablissements, unter
denen die „Manufaktur Scheibler" mit ihren 15 Mill. jährlicher Produktion und 7000 Arbeitern den ersten Platz behauptet. — Im südwestlichen Winkel des Landes, an der
preufsischen Grenze, schofs, wie aus der Erde hervorgezaubert,
ein ganzer neuer Industrierayon auf, wobei Fabriken inmitten
von Wald und Flur auftauchten, der Bildung von Städten
vorausgehend und von vornherein alles um sich gruppierend.
In der alten Hauptstadt Warschau, dem Sammelpunkt aller
Handwerke, hob sich das Handwerk mächtig empor[1]. Zugleich fällt es aber vielfach unter die Herrschaft des Kauf-
mannskapitals. Kleine und mittlere selbständige Betriebe lösen
sich in Hausindustrie auf, und in den Vordergrund treten als
Sammelbecken für die Kleinproduktion grofse Magazine fertiger
Handwerkswaren. — Der Handel des ganzen Landes konzentriert sich hier auf der Börse und in zahlreichen Bank- und
Kommissionsgeschäften. Die Vorstadt von Warschau, Praga,
wurde zum Centrum einer grofsen Metallindustrie, und die
riesige Leinwandfabrik „Zyrardow" bei Warschau mit ihren
8 000 Arbeitern verwandelte sich in ein eigenes Städtchen.

4. Die Hauptrayons der polnischen Industrie.

Nachdem wir einen allgemeinen Abrifs der Entwicklung
der polnischen Industrie gegeben haben, bleibt uns noch übrig,
das Gesagte an der Geschichte der einzelnen wichtigsten Zweige
der Industrie im Detail zu illustrieren, ebenso wie die äufsere
lokale Gruppierung der Fabrikproduktion aufzuzeichnen.

Die Industrie des Königreichs Polen ist, wenn man von
den zerstreut liegenden unbedeutenden Fabriken rechts der
Weichsel und längs der preufsischen Grenze absieht, in drei
Rayons mit stark ausgeprägter Physiognomie, verschiedenem
Charakter und verschiedener Geschichte konzentriert.

Der bedeutendste unter ihnen ist der Lodzer Rayon.
Er umfafst die Stadt Lodz mit ihrem Bezirk, ferner die Städte
Pabianiz, Zgierz, Tomaszow und einige Bezirke des Gouvernements Kalisch. Die Produktion des Rayons belief sich schon
im Jahre 1885 auf 49 Millionen Rubel[2], heute mindestens auf

---

[1] Man zählte in der Handwerksproduktion Warschaus:

	Meister	Lehrlinge	Arbeiter	Produkt. in Pf. Sterl.
1876:	3 122	6 664	5 020	9 888 33
1893:	9 642	19 072	24 167	51 631 15

(Reports, Nr. 1535, S. 4.)

[2] Berichte der Kommission zur Untersuchung etc., II, S. 1—2.

120 Millionen[1]. Dies ist der eigentliche **Textilindustrie-rayon**. Das Hauptcentrum desselben, Lodz, ist in seiner Geschichte für die ganze polnische Industrie äußerst typisch. Schwerlich kann man sich einen für die Gründung einer Fabrikstadt ungünstigeren Platz denken, als Lodz. Es ist in einer wald- und wasserlosen Ebene angelegt, inmitten von Morästen, welche noch vor ungefähr zehn Jahren stellenweise von beiden Seiten der Hauptstraße lagen, so daß die Stadt hier kaum 200 Schritte breit war. Der winzige Fluß Lodka ist von Fabrikabfällen gänzlich verunreinigt, und die ganze erforderliche Wassermenge wird den Fabriken aus artesischen Brunnen und Teichen geliefert. Noch im Jahre 1821 hatte Lodz nur 112 Häuser mit 800 Einwohnern. In dem Jahre 1823 beginnt aber die Kolonisation, schlesische und sächsische Tuchmacher lassen sich nieder, und im Jahre 1827 zählt Lodz schon 2840 Einwohner, darunter 322 Manufakturarbeiter. 1837 hat es mehr als 10 000, 1840 18 600 Einwohner und über 1,1 Mill. Rubel jährlicher Produktion. Infolge der Erhöhung des russischen Zolltarifs im Jahre 1831 aber und der dadurch in der Tuchfabrikation eingetretenen Krise wird die Stadt in ihrem Wachstum gehemmt, die Einwohnerzahl geht sogar im Jahre 1850 auf 15 600 zurück[2]. Seit den sechziger Jahren jedoch beginnt für Lodz infolge der oben geschilderten Ursachen, die alle zusammen auf die Erschließung der russischen Absatzmärkte hinauslaufen, eine Epoche rascher Entwicklung, die seit den siebziger Jahren in eine reißende übergeht. Denn wir sehen in Lodz:

1860	32 000	Einwohner und	2 600 000	Rubel Produktion[2]
1878	100 000	-	- 26 000 000	- - [2]
1885	150 000	-	- 36 500 000	- - [3]
1895	315 000	- [4]	- 90 000 000	- - [5]

In den letzten 25 Jahren machte auch die Produktion in Lodz eine Umwandlung durch. Bis zu den siebziger Jahren wurden hier Baumwollwaren für einen beschränkten Markt, hauptsächlich für die wohlhabenderen Klassen, fabriziert. Als

---

[1] Bei dieser Annahme stützen wir uns auf das Wachstum der Stadt Lodz, s. die folgende Seite. Da jedoch Janschul (Umriß etc., S. 48) und nach ihm Swiatlowsky (Der Fabrikarbeiter, S. 23) die von uns angeführte offizielle Angabe für das Jahr 1885 für zu niedrig halten und die Produktion des Rayons bereits für das Jahr 1886 resp. 1883 auf 70 Mill. Rubel schätzen, so dürfte auch die heutige Produktion bedeutend über unserer Berechnung stehen.

[2] Janschul, Umriß etc., S. 44—46, O. Flatt, l. c. S. 47, 71 u. 110.

[3] Berichte der Kommission zur Untersuchung etc., II, S. 1. Nach anderen Quellen belief sich der Ertrag der Produktion von Lodz schon 1886 auf 40—46 Mill. Rubel. (Diplom. and Cons. Rep., Nr. 128, S. 4.)

[4] „Der Finanzbote", Nr. 21 vom 6. Juni 1897. Die Einwohnerzahl bezieht sich auf Januar des Jahres 1897.

[5] „Gazeta Handlowa" vom 1. Dezember 1896.

aber der polnischen Industrie russische Märkte eröffnet wurden
und allmählich eine neue Klasse von Abnehmern, das arbeitende
Volk, in der Nachfrage die herrschende Rolle zu spielen begann, mufste sich auch die Textilindustrie von Lodz dem
neuen Konsumenten anpassen. Das Lodzer Fabrikantentum
ging denn auch zur Produktion billiger und einfacher Baumwollwaren über, wie Tricot und andere grobe gedruckte Stoffe,
vor allem aber zur Produktion von Barchent. Die Fabrikation
dieser Stoffe wurde zuerst 1873 aus Sachsen nach der Stadt
Pabianitz verpflanzt[1]. Heute herrscht sie in der ganzen Produktion des Rayons vor, wie folgende Zahlen darthun. Es
wurde in Lodz verfertigt:

	1881	1886
Lancort	29 %	27 %
Bjas'[2]	44 %	29 %
Barchent	10 %	35 %
Mitkal	5 1/2 %	5 %
Verschiedenes	11 1/2 %	4 %[3]
	100 %	100 %

Auch der Umschwung in der Zollpolitik 1877 hatte einen
neuen Zweig der Baumwollindustrie im Lodzer Rayon ins
Leben gerufen, nämlich die Fabrikation von sogenanntem ge-
mischtem Spinngarn, aus Baumwolle und Wolle (Vigogne).
Bis dahin aus Werdau und Krimmitschau massenhaft nach
Rufsland importiert, sah sich dieses Produkt kurz nach
der Einführung des Goldzolls den Eingang nach Rufsland
versperrt. Behufs Umgehung dieser Zollmauer wurden nun
einige Fabriken von deutschen Unternehmern aus Sachsen
direkt nach Lodz versetzt, und schon 1886 verfertigten hier
über 39 000 Spindeln gemischtes Garn[4].

Auf diese Weise erscheint die heutige Gestaltung der
grofsen Baumwollindustrie im Lodzer Rayon als ein Ergebnis
der Erschliefsung der russischen Märkte und der russischen
Zollpolitik in den siebziger Jahren.

Nicht minder ist die Wollindustrie des Rayons von denselben Faktoren beherrscht. Schon der gewaltige Sprung der
Produktion von 4 Millionen im Jahre 1870 auf 22 Millionen
im Jahre 1880 zeigt, welchen Einflufs der russische Absatz
auf diesen Industriezweig Polens ausgeübt hat. Was speciell
die Wollspinnerei betrifft, so verdankt sie ihre heutige Entwicklung ganz besonders der Zollpolitik Rufslands. Die Einführung des Goldzolls 1877 hatte die Verpflanzung vieler ausländischer Spinnereien nach Lodz zur unmittelbaren Folge;

---

[1] Berichte der Kommission etc., II, S. 23.
[2] „Bjas'" ist ein aus bucharischer Baumwolle verfertigtes Gewebe.
[3] A. S., Moskau und Lodz, S. 51.
[4] Ber. d. Komm. z. Unters. etc., II, S. 25.

die gröfste mit 22000 Spindeln wurde 1879 von Allart Rousseau Fils gegründet und ist heute noch eine Filiale dieser Firma in Roubaix, woher sie auch ihre Halbfabrikate bezieht[1]. Seit den achtziger Jahren wurde Polen zur Bezugsquelle von Spinngarn für Rufsland und seine Produktion in diesem Zweig übertrifft die russische um mehr als 217 %, in Polen betrug sie 1890 18749000 Rubel, in Rufsland 5909000 Rubel. In der allerletzten Zeit hat die Zollpolitik zwei anderen Branchen der Textilindustrie in Lodz — den Strumpf- und Tricotwirkereien — zur Blüte verholfen[2].

Noch interessantere Belege für die Wirkung der russischen Zollpolitik auf die polnische Industrie bietet die Geschichte des zweiten Rayons — des Sosnovizer.

Dieser umfafst den südwestlichen, dicht an der preufsischen Grenze gelegenen Teil des Gouvernements Piotrkow mit den Städten Czenstochow, Bendin, Zawierz, Sielz und Sosnoviz. Während der Lodzer Rayon seine industrielle Enwicklung schon in den zwanziger Jahren begann, stellt die Industrie des Sosnovizer Rayons, wie bemerkt, eine Erscheinung ganz neuen Datums dar.

Noch bis zu den sechziger Jahren war hier meilenweit nichts als dichter Tannenwald zu sehen, binnen 15 Jahren aber verwandelte sich die waldige Gegend in einen regen Industriebezirk, dessen Textilindustrie dem alten Lodz schon eine ernste Konkurrenz bereitet.

Es waren zwei wichtige Umstände, welche die rasche Entwicklung der Industrie im Sosnovizer Rayon in hohem Mafse begünstigten. Erstens die Billigkeit des Heizmaterials. Der südliche Teil des Gouvernements Piotrkow bildet das Kohlenbecken Polens, und seine Nachbarschaft versetzte die junge Sosnovizer Industrie in eine nicht nur im Vergleich mit Rufsland, sondern auch mit den anderen Teilen Polens ausnahmsweise vorteilhafte Lage. Der Durchschnittspreis von 1 Pud Kohle beträgt je nach der Ortschaft in den betreffenden Rayons:

im Sosnovizer Rayon	Warschauer Rayon	Lodzer Rayon
2,4—9,7 Kop.	11,22—13 Kop.	11,5—14,9 Kop.[3].

Zweitens die Billigkeit der Arbeitskraft. Diese Kohlenindustrie stellte von vornherein den Fabriken des Rayons ein Kontingent von „freien" weiblichen und jugendlichen Arbeitskräften in den Personen der Familienangehörigen der Bergleute zur Verfügung. Auch hierin befindet sich der Sosnovizer Rayon in einer bedeutend günstigeren Lage als der Lodzer. Die Löhne betragen nämlich:

[1] l. c. S. 46.
[2] „Die Geschichte und der heutige Stand der Stadt Lodz" in der „Gazeta Handlowa" vom 3. Dezember 1896.
[3] Berichte der Kommission etc., I, S. 33.

pro Monat in Rubeln:

	Sosnovizer Rayon			Lodzer Rayon		
	Männer	Frauen	Minderj.	Männer	Frauen	Minderj.
Appretur	13,50	10,75	8,50	26,—	18,—	9,75
Wollspinnerei	29,25	9,—	6,—	28,25	18,25	6,—
Gem. Spinnerei	21,25	10,25	—	22,—	13,--	—
Baumwollspinnerei	15,75	11,—	4,75	21,—	17,25	4,50
Durchschnittlich	20,—	10,25	6,25	24,30	16, 6	6,7 [1]

Der Unterschied beträgt im Durchschnitt für die Textilindustrie
in Lodz im Vergleich zu Sosnoviz
für Männer + 21,5 %, Frauen + 61,9 %, Minderj. + 4,7 %.

Die eigentliche Ursache der Entstehung der Industrie im
Sosnovizer Rayon war jedoch die neue Aera in der russischen
Zollpolitik. Eine ganze Reihe preußischer und sächsischer
Fabriken wurde gleich nach 1877 einfach aus Deutschland
nach Polen verlegt. In einer Zone von 3 russischen Meilen
um die Grenze konzentrierte sich bald eine ansehnliche Industrie. Von den 27 bedeutendsten Fabriken, welche man hier
1886 in der Nähe von der Grenze zählte, wurden gegründet
bis 1877 5, 1877—1886 22 (81,5 %) [2].
Die Produktion der Fabriken in Sosnoviz betrug:
1879 $\frac{1}{2}$ Mill. Rubel, 1886 13 Mill. Rubel [3],
was eine Vermehrung um 2500 % in 7 Jahren ausmacht.

Die Entwicklung der Fabrikproduktion im Sosnovizer
Rayon ging Hand in Hand mit einem überraschenden Wachstum der Kohlenindustrie. Unterstützt und in den dreißiger
Jahren (1833—1842) sogar unmittelbar betrieben von der Polnischen Bank, entwickelt sich dieselbe bis zu den sechziger
Jahren ganz langsam und weist im Jahre 1860 eine Ausbeute
von 3,6 Mill. Pud Kohle auf. Seit dieser Zeit treten nach einander drei wichtige Momente ein, die der Entwicklung des
Bergbaues mächtig Vorschub leisteten: erstens der Bau von
Eisenbahnen in den sechziger und siebziger Jahren, zweitens
die Entwicklung der Fabrikindustrie und drittens das prohibitive Zollsystem. Der Aufschwung kommt denn auch in folgenden Zahlen zum Ausdruck:
Die Kohlengewinnung in Millionen Pud war:

1860	3,6
1870	13,8
1880	78,4 [4]
1890	150,8 [5]

Während der 20 Jahre 1870—90 hat sich also die Ausbeute um 993 % vergrößert.

---

[1] l. c. S. 38.
[2] l. c. S. 87.
[3] W. W. Swiatlowsky, l. c. S. 24.
[4] Geschichtlich.-stat. Rundschau, Bd. I, Tabelle XIV—XV.
[5] Der Bergbau Rußlands, S. 91. Die obigen Zahlen beziehen sich
auf die Privatbetriebe allein. Der Ertrag der Staatskohlengruben machte
1860 7,2 und 1870 6,3 Mill. Pud aus. Seit 1878 hört die Kohlengewinnung auf diesen Gruben gänzlich auf.

Die Eisenbahnen bilden einen der wichtigsten Abnehmer für die Kohle. Neben dem südrussischen Kohlenbassin versieht auch das polnische mit Heizmaterial die Eisenbahnen Rufslands. Der Konsum der letzteren betrug:

	1880	1885	1890
von süd-russ. Kohle	22,2 Mill. Pud	34,3 Mill.	39,8 Mill.
- polnisch. -	10,8 -	- 13,8 -	17,5 - [1]

Ein noch wichtigerer Abnehmer der Kohle ist aber die Fabrikindustrie. 1890 verbrauchte der Lodzer Rayon allein 30,6 Millionen, der Warschauer 26 Millionen und der Sosnovizer Rayon 40 Millionen Pud Kohle, wobei die Eisenwerke eine grofe Rolle spielten[2]. 1893 belief sich der Kohlenkonsum in Warschau auf 35,5 Millionen Pud, in Lodz im gleichen Jahre auf 36,2 Millionen[3] und im Jahre 1896 auf 41 Millionen Pud[4].

Eine neue Epoche in der polnischen Kohlenindustrie tritt ein mit der Ausdehnung der Schutzzollpolitik auch auf diesen Produktionszweig im Jahre 1884, wo die bis dahin freie Einfuhr der ausländischen Kohle mit einem Zoll von $^1/_2$ bis 2 Kopeken in Gold per Pud getroffen wurde. Die nächste Folge davon war eine grofse „Kohlenkrise" in Rufsland, d. h. ein grosser Kohlenmangel infolge der rückständigen Betriebsweise der russischen Kohlenwerke und ihrer Unfähigkeit, die im Verhältnis zur steigenden Nachfrage gefallene Zufuhr englischer Kohle durch die eigene zu ersetzen[5].

Den Nutzen daraus zogen am meisten die polnischen Kohlenwerke, welche ihre Thätigkeit rasch erweiterten und in einigen Jahren alle wichtigsten Absatzmärkte in Rufsland: Odessa, Moskau, St. Petersburg, sogar Südrufsland, eroberten. Trotzdem die Krise längst überwunden ist, schlägt seither die polnische Kohle in Rufsland Schritt für Schritt die südrussische aus dem Felde, so auf den Eisenbahnlinien Moskau-Kursk, Moskau-Brest, Kijew Woronesch, Chwastow, St. Petersburg-Warschau, und zum Teil auf den südwestlichen Linien. Nach Odessa kam 1894 aus Polen 5 824 000 Pud Kohle gegen 5 300 000 aus dem südrussischen Becken[6].

Es bleibt noch übrig, einen Blick auf die Eisenindustrie des Rayons zu werfen. Diese hat bereits eine längere Ge-

---

[1] l. c. S. 72.
[2] l. c. S. 92.
[3] Die Produktivkräfte Rufslands, VII, S. 39.
[4] „Gazeta Handlowa" vom 14. Dezember 1896.
[5] Im Durchschnitt wurde nach Rufsland eingeführt:

1866—1870	jährlich	49 1 Mill. Pud fremde Kohle,
1871—1875	-	60 5 - - - -
1876—1880	-	97 1 - - - -
1881—1885	-	112 2 - - - -
1886—1890	-	109 7 - - - - (Der Bergbau, S. 75).

[6] „Prawda", Nr. 52 vom 26. Dezember 1896.

schichte hinter sich, denn schon in dem Herzogtum Warschau
um das Jahr 1814 zählte man 46 Hochöfen für Eisenerz[1].
Die Entwicklung ging jedoch so langsam vor sich, dafs Polen
es bis zu den achtziger Jahren nicht über eine Produktion
von 2,5 Millionen Pud Roheisen, 1,4 Millionen Pud Eisen und
3,9 Millionen Pud Stahl gebracht hatte[2].

Ein neues Blatt in der Geschichte der polnischen Eisenindustrie beginnt mit der Wendung in der russischen Zollpolitik. Die kurze freihändlerische Periode nach dem Krim-
kriege dauerte für das Eisen etwas länger als für andere
Waren, da die russischen Eisenwerke auch bei der stärksten
Schutzzollpolitik nicht hätten den vom Eisenbahnbau gestellten
enormen Anforderungen genügen können. Seit dem Jahre
1881 tritt aber auch hier der Schutzzoll an Stelle des Freihandels, und nach einer allmählichen Steigerung wurden die
Zollsätze im Jahre 1887 auf 25 und 30 Kopeken in Gold per
Pud Roheisen, auf 50 Kopeken bis 1,10 Rubel für Eisen und
70 Kopeken für Stahl festgesetzt; der Tarif von 1891 hat
eine abermalige Erhöhung der Zölle gebracht[3]. Als unmittel-
bare Wirkung der Zollrevision sehen wir die Einfuhr fremder
Metalle nach Rufsland folgendermafsen zurückgehen:

	Roheisen	Eisen	Stahl
1881	14,3 Mill. Pud	6,5 Mill. Pud	1,4 Mill. Pud
1890	7,1 - -	5,0 - -	1,0 - - [4]

Dementsprechend steigt die Metallproduktion in Rufsland
und in Polen, — im letzteren wie folgt:

in Millionen Pud

	Roheisen	Eisen und Stahl
1860	0,7	0,3
1870	1,3 (100 %)	0,6 (100 %)
1880	2,4	5,5
1890	7,4 (+ 488 %)	7,5 [5] (+ 1054 %)

---

[1] Der Bergbau Rufslands, S. 57.
[2] l. c. S. 58 u. ff.
[3] l. c. S. 65, Die Fabrikindustrie Rufslands, XIX, S. 181.
[4] Der Bergbau, S. 65 u. 66. — Das prozentuelle Verhältnis des in
Rufsland jährlich verbrauchten fremden und einheimischen Produktes
war folgendes:

	Roheisen		Eisen	
	Im ganzen; davon fremdes		Im ganzen; davon fremdes	
1866—1870	106 Mill. Pud	8 %	97 Mill. Pud.	12 %
1871—1875	133 - -	11 %	122 - -	31 %
1876—1880	171 - -	26 %	132 - -	35 %
1881—1885	220 - -	32 %	135 - -	26 %
1886—1890	256 - -	21 %	146 - -	19 %
1891—1895	402 - -	9 %	159 - -	23 %

(„Der Finanzbote", Nr. 21 vom 6. Juni 1897).
[5] Geschichtlich-statistische Rundschau, I, Tab. VIII—IX u. X—XI,
Der Bergbau Rufslands, S. 58—60. Die obigen Zahlen beziehen sich
nur auf die Privatbetriebe. Die Produktion der Staatsbetriebe betrug
1860, 1870 und 1880: für Roheisen 0,65, 0,47 und 0,29; für Eisen und
Stahl: 0,33, 0,1 und 0,1 Millionen Pud.

Der dritte Industrierayon, der Warschauer, hat keine so stark ausgeprägte industrielle Physiognomie, wie die beiden vorhergehenden. Hier finden wir eine grofse Mannigfaltigkeit der Industriezweige, die wichtigsten aber sind der Maschinenbau und die Zuckerindustrie. Die Geschichte des ersteren ist ganz in folgender einfacher Zusammenstellung erzählt. Während bis 1860 nur 9 Fabriken landwirtschaftlicher Maschinen in Polen existierten, wurden 1860—1885 42 neue gegründet[1]. Hier, wie in allen früheren Fällen, sehen wir den gleichen Aufschwung infolge der Umwälzung des Absatzes in den sechziger und siebziger Jahren.

Werfen wir endlich einen Blick auf die Geschichte der Zuckerindustrie. Sie hat schon in den zwanziger Jahren ihren Anfang genommen, wurde jedoch bis zu den fünfziger Jahren nur als ein Nebenzweig der Landwirtschaft in kleinen Dimensionen oft von Grundbesitzern selbst betrieben. Die Produktion der im Jahre 1848 thätigen 31 Betriebe übersteigt nicht 177500 Pud, was nicht mehr als 5 bis 6 Tausend Pud pro Fabrik ergiebt. Die gröfste Zahl der Zuckerfabriken weist das Jahr 1854 auf, wo es 55 Betriebe gab[2]. Seit der Aufhebung der Frohndienste und der Umwälzung in der Landwirtschaft trennte sich die Zuckerproduktion von der Agrikultur und wurde zu einem selbständigen Industriezweig. Die Zahl der Etablissements verringerte sich allmählich bei gleichzeitiger Konzentration der Produktion. Im Jahre 1870 finden wir nur noch 41 Zuckerfabriken mit 1,2 Millionen Pud jährlicher Produktion. Eine wahre Revolution in der Zuckerindustrie wurde aber erst in den siebziger Jahren durch die Steuer- und Zollpolitik der russischen Regierung herbeigeführt. 1867 wurde nämlich das besondere System der Zuckerbesteuerung, welches bis dahin in Polen Geltung hatte, aufgehoben und durch das reichsrussische ersetzt. Das letztere beruhte auf der Besteuerung nicht des effektiv hergestellten fertigen Produktes, sondern derjenigen Menge desselben, welche gemäfs der als Norm gesetzten Produktivität der Prefsapparate auf jeder Fabrik voraussichtlich hergestellt werden sollte. Die Zuckersteuer in dieser Gestalt wurde selbstverständlich in hohem Mafse zum Stachel der Vervollkommnung der Produktion; sie bewog bald alle Zuckerfabriken zur Einführung der Diffusionsmethode, welche die Produktivität dermafsen über die zur Basis der Besteuerung genommene Norm hinaustrieb, dafs die nominelle Steuer von 80 Kopeken in Wirklichkeit 35 und sogar nur

---

[1] Landwirtschaftliche Encyclopädie, Bd. III, S. 15. Nach Orlow, Register etc., S. 620, gab es schon 1879 66 Maschinenfabriken mit einer Produktion im Betrage von 6,7 Mill. Rubel.

[2] Landwirtschaftl. Encyclopädie, Bd. II, S. 530 u. ff.

20 Kopeken per Pud ausmachte[1]. 1876 wurde noch zur Aufmunterung der Zukerausfuhr die Rückvergütung der Accise vom exportierten Zucker angeordnet, was angesichts der obigen Verhältnisse wiederum einer kolossalen Ausfuhrprämie gleichkam. Dies war wiederum ein Stachel zu einer fieberhaften Vervollkommnung der Betriebsmethoden und zur Erweiterung der Produktion. In wenigen Jahren hat sich auch die Zuckerindustrie in Rußland und in Polen in eine Großindustrie verwandelt. Während Rußland im Jahre 1874 nur 4 Pud Zucker ausgeführt hatte, betrug der Zuckerexport schon 1877 3896902 Pud, für welche die Regierung freilich 3 Millionen Rubel — die Hälfte der ganzen im Reiche erhobenen Zuckeraccise — „rückerstatten" mußte[2]. Sie schritt denn auch schon 1881 zur gründlichen Reform in der Besteuerung der Zuckerindustrie, inzwischen war aber letztere auf sehr hoher Stufe der technischen Entwicklung angelangt.

In Polen wies sie auf:

1869/70 Fabriken 41 mit 1,2 Mill. Pud Produktion.
1890/1   -   40 - 4,8   -   -   -   [3]

Auf diese fieberhafte Erweiterung der Produktion folgte 1885 eine Krise, welche ihrerseits die Gründung eines ganz Rußland und Polen umfassenden Zuckerkartells nach sich zog, und so diesem Produktionszweig den deutlichsten Stempel einer Großindustrie aufdrückte. Eine Blüte dieses Kartells ist es, daß der russische Zucker, dessen Herstellungskosten 1^5_6 d. pro Pfund betragen, im Auslande zu $1^2/_3$ d., in Kiew aber zu 4 d. pro Pfund verkauft wird[4]. Kein Wunder, daß bei solchen Monopolpreisen die Zuckerfabriken enorme Dividenden abwerfen können.

Das vorstehende Bild der Industrie in Polen wäre unvollständig, wenn man es nicht wenigstens durch einige Angaben über die Rolle dieser Industrie in der Volkswirtschaft des Russischen Reiches im allgemeinen und speciell im Vergleich zu anderen wichtigen Industrierayons ergänzen würde. Die Bedeutung Polens und der beiden Hauptstätten der russischen Fabrikproduktion — St. Petersburg und Moskau — mit Bezug auf die industrielle Thätigkeit läßt sich ganz allgemein folgendermaßen darstellen:

---

[1] Die Fabrikindustrie Rußlands, XIII, S. 6—7.
[2] l. c. S. 7.
[3] Landwirtschaftl. Encycl., Bd. II, S. 523 u. 534.
[4] Diplom. and Cons. Reports, Nr. 1449, S. 7.

	Gesamtertrag der Produktion in Millionen Rubel	Pro Kopf der Bevölkerung
1890		
Im Russisch. Reich	1597	13,5 Rubel
- Moskauer Rayon	460	38 -
- Petersb. -	242	40 -
- Polen	210	23 - [1]

Wie man sieht, nimmt die polnische Industrie ebenso absolut wie relativ d i e d r i t t e S t e l l e im Reiche ein, während die Moskauer absolut und die Petersburger relativ die erste Stelle behauptet. Greifen wir die beiden wichtigsten Zweige der Produktion, Textilindustrie und den Bergbau heraus, so erhalten wir die folgende Zusammenstellung:

Von der Gesamtproduktion des Reiches (ohne Finnland), welche 1895 fürRoheisen 82,0, für Eisen 25,7, für Stahl 34,5 und für Kohle 550 Millionen Pud betrug, entfielen auf

	Roheisen	Eisen	Stahl	Kohle
Rayon Ural	36 %	56 %	7,7 %	2,9 %
- Donez	40 -	6 -	42,0 -	54,0 -
Polen	14 -	14 -	23,0 -	40,0 - [2]

In der Metall- und Kohlenproduktion sind nämlich das Becken des Donez (Südrußland) und der Ural die wichtigsten russischen Rayons, und Polen tritt vor allem mit dem ersteren, zum Teil auch mit dem letzteren in Konkurrenz auf den russischen Märkten. Wie wir sehen, steht Polen im Bergbau des Reiches an z w e i t e r S t e l l e gleich hinter dem Rayon Donez, ausgenommen die Produktion von Roheisen, wo es die dritte einnimmt. Trotzdem Polen nur 7,3 % der Gesamtbevölkerung des Reiches hat, weist es ein Viertel der reichsrussischen Stahl- und zwei Fünftel der Kohlenproduktion auf.

Ebenso spielt Polen in der Textilindustrie des Reiches ganz unverhältnismäßig zur Größe seiner Bevölkerung eine sehr bedeutende Rolle. Von der Gesamtzahl der Spindeln und der Webstühle in der Baumwollindustrie des Reiches, welche im Jahre 1886 3 913 000 resp. 84 500 betrug, entfielen auf

	Spindeln	Webstühle
Moskauer Rayon	55 %	71,6 %
Petersburger Rayon	29 -	12,8 -
Polen	13 -	12,5 - [3]

Hierin steht Polen also wiederum an d r i t t e r S t e l l e. In den anderen Zweigen kommt ihm jedoch eine viel größere

---

[1] Die Fabrikindustrie Rußlands, Einleitung, S. 32—33. Der Moskauer oder der Centrale Rayon umfasst die Gouvernements: Moskau, Wladimir, Kaluga, Kostroma, Nischny-Novgorod, Smolensk, Twer und Jaroslaw; der Petersburger Rayon — die Gouvernements: St. Petersburg, Pskov, Novgorod, Kurland, Liefland, Estland.

[2] „Der Finanzbote", Nr. 8 vom 7. März 1897. — Nur Privatbetriebe.

[3] Die Fabrikindustrie Rußlands, I, S. 11.

Bedeutung zu, wie dies aus der folgenden Tabelle ersichtlich. Von der gesamten Textilindustrie des Reiches, deren Produktionswert 1892 580,9 Millionen Rubel betrug, entfiel auf Polen 19,5 %; sein Anteil an den einzelnen Branchen belief sich aber

in der Baumwollspinnerei Baumwollweberei Leinwandfabrik.
    auf 15,6 %   16   42 %
in der Wollweberei und Tuchfabrik. Wollspinnerei Wirkerei
       29,6 %   77 %   78 % [1].

Wenn Polen somit im ganzen von der Industrie des Centralen und des Petersburger Rayons überflügelt wird, so geht es jedoch in einzelnen wichtigen Zweigen der Volkswirtschaft allen anderen Reichsteilen voran. Im besonderen weist die grofse Bedeutung Polens in diesen Zweigen auf eine weitgehende Arbeitsteilung zwischen der polnischen und der russischen Industrie hin.

5. Der industrielle Absatz Polens.

Aus dem Vorhergehenden wurde klar, dafs die russischen Absatzmärkte die eigentliche Triebfeder der heutigen grofsindustriellen Entwickelung Polens bilden. Es wäre deshalb interessant, genauere Angaben über den Umfang des Absatzes polnischer Waren in Rufsland zu erfahren, solche lassen sich jedoch nur schwierig ermitteln. Wie in der Statistik aller Staaten, besteht auch in derjenigen Rufslands ein grofser Mangel an Daten über den innern Warenverkehr. Nur mittelbar und annähernd läfst sich hier ein Überblick gewinnen. Die im Jahre 1886 veranstaltete offizielle Enquete ergab, dafs von den 141 gröfsten Fabriken, die insgesamt ein Dritteil der ganzen Produktion darstellen,

37 Fabriken mit	7 061 984 R.	ausschliefslich für	Polen	produzieren,
27 -	7 480 645 -	-	Rufsland	-
11 -	13 224 589 -	vorwiegend	Polen	-
34 -	22 824 013 -	-	Rufsland	-
32 -	19 311 695 -	zur Hälfte für	Polen u. Rufsland	- [2]

Wenn wir den Ausdruck „vorwiegend" als gleichbedeutend mit $^2/_3$ annehmen, so stellt sich der Absatz der polnischen Industrie folgendermafsen dar.

Die 141 Fabriken produzieren Waren
für Polen   im Werte von 33 142 228 Rubel gleich 47 %
 - Rufsland -   -   - 36 760 698   -   - 52 -

---

[1] Materialien zur Handels- und Industriestatistik Rufslands für das Jahr 1892, S. 194—204.

[2] Berichte der Kommission etc., I, S. 18.

Der allgemeine Schluſs, zu dem die Enquetekommission kam, war, daſs die polnischen Fabriken 50—55 % ihrer Erzeugnisse in Ruſsland absetzen.

Den obigen Schluſs bestätigen auch partielle Angaben, so über den Absatz der Textilindustrie der Stadt Lodz. Dieser war

1884 (Krise)		1885		1886	
		in Pud			
Baumwoll- u. Wollstoffe					
in Polen	in Ruſsland	in Polen	in Ruſsland	in Polen	in Ruſsland
372 390	1 004 286	321 344	1 115 460	443 565	1 507 259
Garn					
45 290	4 524	63 051	99 951	56 583	90 136
417 680	1 008 810	384 395	1 215 411	500 148	1 597 395 [1]

Was also das Centrum der Textilindustrie betrifft, so setzte es schon Mitte der achtziger Jahre drei Viertel seiner Erzeugnisse in Ruſsland ab. In den zehn Jahren aber, seitdem die obigen Berechnungen gemacht wurden, dürfte sich das Verhältnis noch in weit stärkerem Maſse zu Gunsten des Absatzes in Ruſsland verschoben haben, da die Produktion seitdem ca. um die Hälfte angewachsen ist, während der innere Markt sich selbstverständlich nur in kleinem Verhältnis vergröſsern konnte; andererseits haben wir direkte Beweise, daſs der polnische Absatz während dieser zehn Jahre neue Gebiete in Ruſsland sich erschlossen hat, worauf wir noch näher zu sprechen kommen werden. Man darf also als das minimale Verhältnis für heute annehmen, daſs von den Erzeugnissen der polnischen Industrie 2/3 von Ruſsland absorbiert werden. Und zwar erstreckt sich dieser Absatz auf diejenigen Industriezweige, welche den Hauptstamm der groſskapitalistischen Produktion in jedem Lande bilden: auf die Textil-, Metall- und Kohlenindustrie. Daneben setzen natürlich auch eine ganze Reihe kleinerer Industriezweige, wie die Zucker- und Galanteriewarenproduktion, die Gerberei u. a. ihre Erzeugnisse in immer wachsendem Maſse nach Ruſsland ab.

Das Vorschreiten des polnischen Absatzes in Ruſsland bietet in geographischer Hinsicht ein interessantes Bild. Wie gesagt, beginnt dieser Absatz in gröſserem Umfange erst mit den siebziger Jahren. Längere Zeit beschränkt er sich jedoch nur auf die westlichen und südwestlichen Gouvernements des Reichs — auf Litthauen und Kleinruſsland, also eigentlich auf die alten Teile des ehemaligen Polens. Anfangs der achtziger Jahre erobert Polen aber einen neuen Absatzmarkt im Süden Ruſs-

---

[1] l. c. I, Anhang, S. 41—43. Nach englischen Quellen war die Ausfuhr der Textilindustrieprodukte aus Lodz 1886: nach Polen 229 900 Pud, nach Ruſsland 970 791 Pud, 1887: nach Polen 264 665 Pud, nach Ruſsland 721 115 Pud. (Diplomatic and Consular Reports on Trade and Finance, Nr. 321, S. 7.)

lands, in dem sog. „Neurufsland"[1]. Mitte der achtziger Jahre macht der polnische Absatz wieder einen Schritt weiter. Im Jahre 1883 wurde nämlich der durch den Berliner Kongrefs vereinbarte freie Transit über Batum nach dem Transkaukasus aufgehoben und eine Zollgrenze daselbst errichtet. Damit haben die westeuropäischen Länder, vor allem England, einen beträchtlichen Absatzmarkt für ihre Produkte verloren, derselbe ging nun an russische und polnische Industrielle über. Um das Jahr 1885 erscheinen polnische Fabrikate zum erstenmale im Kaukasus, seitdem wächst ihre Zufuhr zu den 3 Hauptpunkten des kaukasischen Handels wie folgt:

	Batum	Tiflis	Baku
1885/6	39,000 Pud	55,000 Pud	68,000 Pud
1887/8	95,100 „	200,000 „	258,000 „ [2]

Ende der achtziger Jahre rückt der polnische Absatz nach dem Nordosten — zur Wolgagegend — vor. Die polnische Zufuhr zu dem Hauptcentrum des Wolgahandels Zarizin war: 1887 — 55,640 Pud; 1888 — 73,729 Pud; 1889 — 106,403 Pud[3].

Zur gleichen Zeit fängt Polen an, an dem europäisch-asiatischen Handel teilzunehmen, seine Fabrikate erscheinen nämlich auf den beiden kolossalen Jahrmärkten in Niszni-Nowgorod, wo seit 1889 grofse polnische Depots errichtet werden[4], und in Irbit. Endlich mit dem Ende der achtziger und Anfang der neunziger Jahre betritt der polnische Absatz den asiatischen Boden. Zuerst wurden Handelsbeziehungen mit Sibirien angeknüpft: 1888 mit Tomsk in Westsibirien[5], 1892 mit Nerczinsk im südöstlichen Sibirien[6], 1894 erscheinen polnische Waren schon in Omsk[7]. Um dieselbe Zeit entwickelt sich der polnische Absatz in Asien auch nach zwei anderen Richtungen hin, einerseits nach China, andererseits nach Persien und Kleinasien.

Im Laufe von 20 Jahren, 1870—1890, hat also der polnische Handel Schritt für Schritt in alle Winkel des europäischen Rufslands Eingang gefunden. Diese rasche Erweiterung des Absatzmarktes hat eben, wie wir gesehen, die polnische Fabrikproduktion in 20 Jahren in eine Grofsindustrie verwandelt. Seitdem bereitet sie sich aber zu einer neuen, wichtigen Aktion vor — zur Eroberung asiatischer

---

[1] Janschul. l. c. S. 63.

[2] „Ateneum", 1890, Bd. I, Heft II, S. 294—6. Speciell der Absatz von polnischem Eisen nach dem Kaukasus war folgender: 1887 — 310500 Pud; 1888 — 299044 Pud; 1889 — 340905 Pud; 1890 — 398210 Pud. (l. c. 1891, Bd. III Heft III, S. 612).

[3] l. c. 1891, Bd. III, Heft III, S. 611.

[4] „Kraj", 1889, Nr. 43.

[5] l. c. 1888, Nr. 21.

[6] „Prawda", 1893, Nr. 3.

[7] l. c. 1894, Nr. 51.

Märkte. Schon hat der polnische Handel in dieser Richtung einige wichtige Schritte gethan. Dies ist jedoch zweifellos erst der Anfang von einem Anfang und die grofsartigen Aussichten, welche der Industrie dank der transsibirischen Eisenbahn und den gewaltigen Erfolgen der russischen Politik in Asien eröffnen, bedeuten u. a. für die polnische Industrie eine neue Revolution, vielleicht eine noch weitgehendere, als die sie in den siebziger Jahren erlebte. Die polnischen Unternehmer bereiten sich allen Ernstes auf diese Zukunft vor und richten ihr Augenmerk beharrlich auf Asien. Es wird in Warschau ein „Warenmuseum des Ostens" errichtet, welches die specielle Aufgabe hat, die Produzenten mit der Warenwelt, dem Geschmack und den Anforderungen Asiens vertraut zu machen. In dem Prospekt der neuen Handelsanstalt wird darüber folgendes berichtet:

„Zucker und Branntwein, Maschinen und Gufsröhren, Glas, Fayence und Porzellan, Schuhe, Kravatten und Handschuhe, Tücher, Kattun und Leinwand, welche bei uns fabriziert werden, gingen noch vor kurzem nicht weiter als nach einigen nächstliegenden Gouvernements; heute wandern sie über den Don, den Ural, nach dem Kaukasus, über das Kaspische Meer, nach China, Persien und Kleinasien. Um es aber in dieser Richtung möglichst weit zu bringen, kann man nicht denjenigen, für die die Ware bestimmt ist, unsern Geschmack aufdrängen, sondern man mufs sich dem ihrigen anpassen, man mufs das produzieren, was auf jenen Märkten einen Absatz findet, der dortige Geschmack unterscheidet sich aber von dem unsrigen unendlich. . . . . Die Gattung des Stoffes, die Form, das Dessin, die Lieblingsfarben sind dort andere als bei uns. . . . . Das, was wir bis jetzt produzierten, war vorzugsweise für die civilisierte eingewanderte Bevölkerungsschicht in jenen Ländern bestimmt. Die Massen standen aufser dem Zielbereich unserer Industrie. Wenn wir aber unsere Industrie auf ein festes Fundament stützen und sogar erweitern wollen, müssen wir Waren produzieren, welche dem Geschmack und den Gewohnheiten der Massen entsprechen, und daher müssen wir die Bedürfnisse dieser Masse kennen lernen" [1].

Dies in kurzen Zügen die Geschichte der Industrie in Russisch-Polen. Aus den Bemühungen der Regierung des Königreichs Polen hervorgegangen, macht sie gleich im ersten Augenblick den Versuch, sich der russischen Märkte zu bemächtigen. Nun ihr der Zutritt zu diesen erschwert und sie auf den inneren Konsumtionskreis mehr angewiesen wird, entwickelt sie sich langsam und schrittweise. Die sociale Krise,

---

[1] „Prawda", 1896, Nr. 5.

welche Rufsland in den sechsziger Jahren durchmachte, reifst auch Polen aus seiner ökonomischen Unbeweglichkeit und zieht es in den Strudel der kapitalistischen Entwicklung hinein. Mit der erneuerten diesmal definitiven Eröffnung der russischen Absatzgebiete gewinnt die polnische Industrie einen üppigen Nährboden und macht rasch den Umwandlungsprozefs in eine Grofsindustrie durch. Die Zollpolitik Rufslands monopolisiert die Annehmlichkeiten des enormen Absatzgebietes für russische und polnische Kapitalisten und erzeugt eine fieberhafte Kapitalaccumulation. Die Fabrikindustrie wird in Polen zum herrschenden Faktor des ganzen socialen Lebens, in welchem seit den letzten 25 Jahren auch ein totaler Umschwung eintritt.

Wie wir oben erwähnt haben, bewahrte Polen bis zu den sechsziger Jahren den Charakter eines agrikolen Landes mit der Herrschaft des Standes der Grundbesitzer auf allen Gebieten des öffentlichen Lebens. Die Bauernreform zertrümmerte schon zum grofsen Teil diese Vorherrschaft des adeligen Grundbesitzes[1]. Die Notwendigkeit, über das nun für den Betrieb unentbehrliche Geldkapital zu disponieren, vergröfserte stark seine Verschuldung. Die in den achtziger Jahren hinzugetretene allgemeine Krise in der europäischen Landwirtschaft und das Sinken der Getreidepreise gaben ihm den Rest.

Die ganze breite Schicht des mittleren adeligen Grundbesitzes ging und geht dadurch mit jedem Tage seinem Ruin mehr entgegen. 15 Prozent der adeligen Güter sind bereits aus den Händen ihrer Besitzer in deutsche und jüdische Hände übergegangen, andere 15 Prozent wurden in Parzellen zerschlagen und an Bauern verkauft. Der übrige Grundbesitz ist mit einer Hypothekenschuld belastet, die im Durchschnitt 80 Prozent, in zwei Fünfteln der Fälle aber 100 bis 250 Prozent des Wertes beträgt[2]. Gleichzeitig wuchs aber immer mächtiger die Industrie und bald wurde sie in allen Beziehungen der Landwirtschaft überlegen. Schon 1880 war der Wert der industriellen Produktion demjenigen der Getreideproduktion gleich[3]. Heute übersteigt er ihn um mehr als das Doppelte: der erstere beträgt zum mindesten 23 Rubel, der letztere nur 11 Rubel pro Kopf der Bevölkerung[4]. Aber auch diese

---

[1] Eine kurze Geschichte dieser Reform und der Verhältnisse zwischen den Grundbesitzern und den Bauern in Polen s. in den englischen Reports, Nr. 355.

[2] J. Bloch, Der Grundbesitz und dessen Verschuldung. — „There is no doubt that a great majority of the landowners in Poland live under the most difficult conditions". (Reports, Nr. 347, S. 11.) Einiges auch in J. Bloch, Die bäuerliche Bank und die Parzellation, S. 1 u. 16.

[3] J. G. Bloch, Die Industrie des Königreichs Polen, S. 181.

[4] Die Fabrikindustrie, S. 32 u. 33.

quantitativ untergeordnete Landwirtschaft ist gänzlich in Abhängigkeit von der Industrie geraten. Während Polen ehemals „ein Speicher Europas", ein vorwiegend für den Weltmarkt Getreide produzierendes Land gewesen, befriedigt es heute kaum den eigenen Bedarf. Die Industrie hat einen innern Markt geschaffen, welcher das ganze Produkt des Ackerbaus — der Masse nach — verschlingt. Wenn Polen heute noch ansehnliche Quanta Weizen exportiert, so geschieht dies nur, weil es aus Rußland noch größere Quanta niedrigerer Getreidesorten zum Ersatz importiert. Zweitens sieht sich die Landwirtschaft angesichts der stets sinkenden Getreidepreise heute gezwungen, sich überhaupt immer mehr von der reinen Getreideproduktion zu emancipieren und auf die Kultur von sog. technischen Pflanzen für die Industrie, ebenso wie auf die Viehzucht zu verlegen [1]. Es ist überflüssig zu betonen, daß auch das Handwerk, da wo es noch nicht direkt von der Konkurrenz der Fabriken untergraben wird, im Gegenteil von der Fabrikindustrie lebt, teils ihr direkt in die Hände arbeitend, teils von den durch sie accumulierten Kapitalien und dem gesteigerten innern Konsum profitierend. Die Industrie ist jetzt derjenige Stamm geworden, aus dem alle übrigen Zweige des materiellen Lebens des Landes ihre Säfte ziehen. Oder richtiger gesagt, sie ist diejenige Triebfeder, die alle Gebiete des materiellen Lebens revolutioniert und sich unterordnet: die Landwirtschaft, das Handwerk, den Handel und die Verkehrsmittel. Polen, das ehemals so sehr eigenartige Land in socialer Beziehung, ist jetzt ein typisches kapitalistisches Land geworden. Der mechanische Webstuhl und der Dampfmotor haben es der originellen Physiognomie beraubt und ihm das nivellierende internationale Gepräge aufgedrückt. Schon im Jahre 1884 hatte Polen die specifisch kapitalistische Krankheit — die erste große Krise — durchgemacht. Heute kommen bereits in der erwachten Arbeiterbewegung hie und da auch die Hypokratuszüge des polnischen Kapitalismus zum Vorschein.

---

[1] Vgl. J. Bloch, Der Ameliorationskredit und die Lage der Landwirtschaft, auch L. Gorski, Unsere Fehler in der Landwirtschaft.

Zweiter Teil.

Die ökonomische Politik Rufslands in Polen.

Das im Vorhergehenden gegebene Bild der Entwicklung und des heutigen Standes der Industrie in Polen ist ein ganz anderes, als das, welches uns die Geschichte des städtischen Gewerbes in dem Polen des Mittelalters bietet. Trotz der ganz identischen Entstehungsweise — der künstlichen obrigkeitlichen Verpflanzung aus Deutschland — geht die Manufaktur in Polen nicht nur nicht, wie das ehemalige städtische Handwerk, zu Grunde, sondern entwickelt sich zu einer Grofsindustrie und trotz ihres fremden deutschen Ursprungs fafst sie nicht nur tiefe Wurzeln in dem nationalen Leben Polens, sondern wird geradezu zum herrschenden, tonangebenden Faktor desselben.

Allein in der letzten Zeit traten einige Erscheinungen auf, die auf verschiedenen Seiten Befürchtungen in Bezug auf die fernere Zukunft der polnischen Industrie erweckt haben. Es ist klar, dafs der Absatz in Rufsland und im Anschlufs daran der nunmehr eröffnete Absatz in Asien den Lebensnerv der Industrie Polens bilden. Auf allen diesen Gebieten treten aber polnische Erzeugnisse selbstverständlich in Konkurrenz mit den russischen. Ein natürlicher Interessengegensatz in Bezug auf die Absatzmärkte scheint sich daraus zwischen der polnischen und der russischen Bourgeoisie auf den ersten Blick zu ergeben, ein Gegensatz der, je mehr die polnische Industrie wächst, desto schroffer werden mufs. Anderseits scheint es ebenso natürlich zu sein, dafs die russische Kapitalistenklasse auf ihrer Seite die russische Regierung gegen die polnische Konkurrentin hat, dafs die Regierung ihre Macht zur Benachteiligung der polnischen Industrie gebrauchen und als das einfachste und radikalste Mittel dazu etwa eine Zollbarriere zwischen Polen und Rufsland wieder errichten dürfte. Solche Stimmen machten sich in der letzten Zeit vielfach hörbar und es wurde die Meinung hie und da ausgesprochen,

3*

dafs für die polnische Industrie nach der bisherigen Periode
der Prosperität eine Periode der Verfolgungen und Maſs-
regelungen seitens der russischen Regierung begonnen habe,
an denen sie über kurz oder lang zu Grunde gehen würde[1].

Bevor wir also die Beschreibung der polnischen Industrie
abschlieſsen, müssen wir noch auf die Frage eingehen, was
es mit dem Interessengegensatz der polnischen und der
russischen Fabrikproduktion in Wahrheit auf sich hat, welche
die Ausrüstung der polnischen in ihrem Konkurrenzkampfe
mit der russischen und welches die Stellung der Regierung
diesen Kämpfen gegenüber ist. Auf diese Weise werden wir
in der Lage sein, die bisherige Geschichte der Industrie in
Polen durch eine Perspektive ihrer Zukunft zu ergänzen.

1. Die Geschichte des Kampfes zwischen Lodz und Moskau.

Es ist vor allem ganz falsch, daſs die Konkurrenz und
der Streit zwischen dem centralen Industrierayon und dem
polnischen, der Streit, mit dem vor einigen Jahren so
viel Aufhebens gemacht wurde, eine neue erst aus den
achtziger Jahren datierende Erscheinung sei, wie dies allgemein angenommen wird. Ganz im Gegenteil, — dieser
Kampf ist gerade so alt, wie die polnische Industrie selbst.
Schon in den zwanziger Jahren wurden der Regierung Bitt-
schriften unterbreitet, in denen sie russischerseits um die
Erhöhung der russisch-polnischen Zölle, polnischerseits dagegen
um die gänzliche Abschaffung der Zollgrenze zwischen Polen

---

[1] „The encouragement thus given to foreign immigrants and to
local industry and trade in general has caused a very remarkable in-
dustrial development, especially in that part of Poland which is nearest
to Germany, whence the vivifying element came; but the policy which
had been followed uninterruptedly for 73 years, and by which the industries of this country had been built up was suddenly reversed on
the 14th of March, 1887, by the well-known imperial ukase forbidding
foreigners from acquiring real property in the kingdom of Poland and
in the Baltic provinces" .... „Another measure which will seriously
affect the industries of this country is the new regulation prohibiting the
erection of buildings within a quarter of a mile of the frontier" ....
„This and the other measures in contemplation are attributed to the
jealousy of the Moscow manufacturers, who at the last fair of Nijni
Nowgorod addressed a memorial to the Government asking for protection
against the Polish industries". (Diplomatic and Consular Reports on
Trade and Finance, Nr. 321, S. 6 u. 7.) Ferner: Schulze-Gävernitz, Der
Nationalismus in Rufsland und seine wirtschaftlichen Träger, „Preuſsische
Jahrbücher", Bd. 75, Januar-März 1894, desgl. das Blaubuch: Royal
Commission on labour, Foreign Reports, Vol. X, Russia, S. 9. Die Aus-
führungen desselben basiren hier auf den Angaben der englischen Kon-
sularberichte aus Polen, welche gerade in diesem Punkte sich nicht
immer von dem einseitigen Einfluſs der lokalen Kapitalistenpresse frei-
halten.

und Rußland angegangen wurde. Seitdem hat die Rivalität
eigentlich nie aufgehört. Es wurden von den russischen
Unternehmern außer im Jahre 1826 noch 1831 Petitionen
nach St. Petersburg geschickt[1] — immer mit Klagen gegen
die polnische Industrie und mit Aufforderungen, die „vaterländische" in ihrem Kampfe mit der polnischen zu unterstützen. Wie man aus der Geschichte der polnischen Industrie ersieht, hat die Regierung schließlich nicht nur den
Gesuchen der russischen Unternehmer nicht Folge geleistet,
sondern umgekehrt 1851 die Zollgrenze zwischen Polen und
Rußland abgeschafft und so dem Wettkampf der bei den
feindlichen Industrien völlig freien Lauf gelassen. Von neuem
ist der Kampf heftig seit der Mitte der achtziger Jahre entbrannt,
erstens weil die polnische Industrie um diese Zeit — wie erwähnt — einer ganzen Reihe neuer Absatzgebiete in Rußland
ebenso im Süden wie im Osten sich bemächtigte, zweitens
weil gerade damals an der preußischen Grenze die ganze
Textilindustrie des Sosnovizer Rayons wie aus der Erde ge-
stampft wurde. Andererseits aber sind die Ende der siebziger
Jahre durch die Wendung in der Zollpolitik plötzlich und
stark in die Höhe geschraubten Warenpreise gegen Mitte der
achtziger Jahre ziemlich gefallen. Die dadurch beunruhigten
Moskauer Unternehmer fingen an, „den Schuldigen zu suchen"[2]
und entdeckten ihn auch — in der polnischen Konkurrenz.
Dabei wurde der Kampf, angesichts der Eroberungen, welche
die polnischen Baumwollprodukte auf den russischen Absatzmärkten machten, hauptsächlich von den Moskauer Baumwollfabrikanten geführt.

Die erste Attaque seitens des Moskauer Unternehmertums
führte ein gewisser Scharapoff in einer öffentlichen Rede,
die er in Moskau und in Iwanowo-Wosnesensk 1885 hielt und
die später im Druck erschien. Scharapoff hat von Anfang an
die höchsten Töne angeschlagen und die ganze Campagne des
Moskauer Kattuns gegen den Lodzer Barchent zu einem
historischen Zweikampf der slavischen Rasse mit der germani-
schen aufgebauscht. Er weist darauf hin, daß die polnische
Industrie in allen Beziehungen in günstigeren Bedingungen
sich befinde, als die russische, es stehen ihr nämlich nach
Sch. erstens der billigere deutsche Kredit zur Verfügung —
sie zahle 3½ bis 4%, da wo der centralrussische Unternehmer
7—8% zu zahlen habe, sie verfüge zweitens über billigere
Rohstoffe, da sie für dieselben viel niedrigere Transportkosten
zu tragen habe, als der weit im Osten liegende Moskauer
Rayon, drittens erfreue sie sich günstigerer Eisenbahntarife,
welche sie infolge der privaten Vereinbarungen unter den

---

[1] K. Lodyschensky, l. c. S. 220, 218 u. 222.
[2] A. S., Moskau und Lodz, S. 22.

Eisenbahngesellschaften erzielt habe, viertens endlich habe sie
bedeutend niedrigere Steuern zu entrichten, da letztere im
Centralrayon 3,600 Rubel pro 1 Million Rubel Produktionswert, in Lodz dagegen 1,400 Rubel, in kleinen polnischen
Städten aber nur 109 Rubel betragen [1].

Scharapoff ruft die Regierung zum Kampf gegen die
„deutsche" Industrie Polens und zur Rettung des von ihr
unterdrückten russischen und polnischen Elements auf (!).

Im nächsten Jahre 1886 ordneten die Moskauer Unternehmer schon eine Deputation nach St. Petersburg ab mit
der „unterthänigsten" Bitte, zwischen Polen und Rußland
wieder eine Zolllinie zu errichten [2].

Die so angegangene Regierung setzte im gleichen Jahre
1886 eine Kommission, bestehend aus Professor Janschul, Iljin
und Langowoj, ein, welche die Aufgabe hatte, die Produktionsbedingungen des polnischen Industrierayons zu untersuchen
und die Behauptungen der Moskauer Fabrikanten auf ihre
Richtigkeit hin zu prüfen [3]. Das Resultat dieser, ernster und
gründlicher als alle anderen geführten, Untersuchung war
folgendes.

Auf Seite der polnischen Industrie sehen wir billigeres
Heizmaterial, kleineres fixes Kapital, niedrigere Besteuerung,
besseres Arbeiterkontingent und günstigere räumliche Kon-
zentration der Unternehmungen an einigen wenigen Punkten.
Auf Seite der russischen Industrie dagegen billigere Arbeitskraft, kleinere Transportkosten zu den Hauptabsatzmärkten
(Kaukasus, Wolgagegend, Asien), kleinere Ausgaben für die
Arbeiterschaft (Spitäler, Schulen etc.), Profite von den Fabrik-
läden, endlich Überfluß an Wasser zum Betriebe der Baumwoll-
webereien und -Spinnereien [4]. Zum Schluß äußert sich die
Kommission gegen die Einführung einer Zolllinie zwischen
Polen und Rußland, desgleichen gegen einen wider Polen ge-
richteten differentiellen Zoll für Rohbaumwolle, erstens weil
die Regierung es „kaum für möglich halten würde, Polen in
handels-industrieller Beziehung als einen fremden Staat zu behandeln", und zweitens weil ein hoher differentieller Zoll „in den
Augen der Einwohner Polens, russischer Unterthanen, als eine
Ungerechtigkeit gegen sie erscheinen und zweifellos große Unzufriedenheit hervorrufen würde". Als die einzig gerechte
Maßnahme erachtet die Kommission eine Erhöhung der bisherigen Besteuerung der polnischen Industrie bis zur Aus-
gleichung derselben mit der russischen [5].

---

[1] Scharapoff, Gesammelte Schriften, Buch I, S. 70—94.
[2] A. S., Moskau und Lodz, S. 22.
[3] Berichte der Kommission zur Untersuchung etc., Einleitung, S. 1 u. 2.
[4] l. c. I, S. 101 u. II, S. 101—107.
[5] l. c. I, S. 102, 103 u. 104.

1887 reichten die Moskauer Unternehmer dem Finanzminister auf dem Jahrmarkt zu Nischny-Nowgorod abermals
eine Petition ein, worin sie um die Erhöhung der Zölle auf
Baumwolle und um Einführung eines differentiierten höheren
Zolls an der polnischen Grenze ersuchten[1]. Jetzt traten aber
auch die Lodzer Fabrikanten in den Kampf ein. Sie be-
antworteten das erwähnte Schriftstück mit einer Gegenpetition,
worin sie darzuthun suchten, daß sie sich in bedeutend
ungünstigeren Produktionsbedingungen befänden, als ihre
Moskauer Konkurrenten, daß die Baumwollspinnereien des
centralen Rayons 1886 bis $8\,^2/_5\,^0/_0$, während die polnischen nur
$7\,^1/_2\,^0/_0$ Dividenden abwarfen[2], daß der Transport der Rohbaumwolle von Liverpool nach Moskau 35,77 Kopeken, von
Liverpool nach Lodz aber 37,10 Kopeken per Pud koste, daß
also eine weitere Verschlimmerung ihrer Lage durch die Einführung eines differentiellen Zolls auf Baumwolle ihnen die
Produktion fernerhin sehr erschweren würde[3].

Im Jahre 1888 wurde abermals eine Kommission unter
dem Vorsitz von Beher zur Untersuchung der Streitfrage eingesetzt. Ihre Ergebnisse fielen diesmal sehr zu Ungunsten
Polens aus, und die Kommission forderte eine Reihe von Maßnahmen zum Schutze des Moskauer Industrierayons gegen die
besser situierte polnische Industrie[4]. Andererseits reichten
1888 wieder die Moskauer Fabrikanten dem Finanzminister
eine Petition ein, worin sie sich über ihre bedrängte Lage be-
klagten und Maßnahmen gegen die „parasitische" Industrie
Polens von der Regierung forderten[5].

1889 veröffentlichten die Lodzer Fabrikanten eine Agitations-
schrift unter dem Titel „der Kampf Moskaus mit Lodz", worin
sie durch den Mund „eines unbeteiligten, unparteiischen Be-
obachters" darzuthun suchten, daß Lodz für Rohbaumwolle
teurer zu zahlen habe, als Moskau, daß der Vorzug des
billigeren Heizmaterials, den Lodz vor Moskau habe, nur die
quantité négligeable von 0,2 Kopeken per Arschin des Stoffes
ausmache, daß die Ursache des teueren Kredits Moskaus an
Moskau selbst liege und von der mangelhaften Organisation
desselben herrühre, daß Lodz dafür an Wassermangel leide,
teurer die Arbeitskraft bezahle, endlich kleinere Profite be-
ziehe, als die centralrussische Industrie[6].

---

[1] Diplom. and Cons. Reports, Nr. 321, S. 7, A. S., l. c. S. 23.

[2] Nach dem Vorhergesagten ist es leicht zu beurteilen, um wie
viel die beiden Ziffern unter den wirklichen Profiten stehen.

[3] Diplom. and Cons. Reports, Nr. 321, S. 7.

[4] l. c. S. 6.

[5] A. S., Moskau und Lodz, S. 23.

[6] l. c. S. 29, 32—35, 37, 40—42 u. 60.

1890 gab die von der Regierung unternommene Organisation und Verstaatlichung des Eisenbahntarifwesens wieder Anlaſs zur Abordnung einer neuen Kommission, welche zum x-ten Male die Frage untersuchen sollte, wie es um die Konkurrenzbedingungen des polnischen und des centralrussischen Industrierayons bestellt sei, und wie demgemäſs die Eisenbahntarife auf den für die Konkurrenten in Betracht kommenden Linien zu gestalten seien. Diese Kommission, welche unter dem Vorsitz des Vertreters des Eisenbahndepartements Lazareff arbeitete, kam wiederum zu keinem Resultat. Die Vertreter der Lodzer und der Moskauer Unternehmer gaben ihre bekannten Argumente und Gegenargumente zum besten. Neu waren nur zwei Argumente polnischerseits, nämlich der Hinweis auf den Gebrauch der billigen Naphthareste als Heizmaterial im Moskauer Rayon und die Behauptung, die Steuerlasten seien in Polen gröſser, als in Centralruſsland, nämlich hier 5,82 Rubel, dort aber 6,64 Rubel pro Kopf der Bevölkerung [1].

Im nächsten Jahre 1891 wurde abermals ein bekannter Ökonom Bieloff mit der Untersuchung der Produktionsverhältnisse in Polen und in Centralruſsland beauftragt. Dieser kam wieder zu dem Schluſs, daſs auf Seite von Lodz fast alle Nachteile, auf Seite Moskaus dagegen alle Vorteile zu finden seien, nämlich: billigere Arbeitskraft, längere Arbeitszeit (hier 3429 Stunden, dort 3212 Stunden pro Jahr), billigeres Heizmaterial: Naphthareste kosten 6 d. per cwt., Kohle dagegen bei gleicher Wärmeerzeugung bedeutend mehr, nämlich $10^{1}/_{4}$ d. per cwt.; billigere Rohbaumwolle, endlich günstigere Eisenbahntarife. Derselbe Scharapoff, welcher 1885 den ersten Alarm gegen Lodz geschlagen hatte, behauptete jetzt aus Anlaſs der Bieloff'schen Untersuchung, seit 1885 habe sich die Lage gänzlich verändert, und Lodz verdiene jetzt gar nicht, irgendwie gemaſsregelt zu werden [2].

Es war nötig, die verschiedenen Stadien des Streites zwischen Lodz und Moskau so eingehend zu behandeln, um darzuthun, wie schwierig es ist, sich über die Frage eine unbefangene Meinung zu bilden, und wie vorsichtig die über diesen Punkt geäuſserten Behauptungen gewöhnlich zu nehmen sind, da es nicht ein einziges Argument giebt, welches nicht von beiden Parteien mit direkt entgegengesetzten Beweisziffern gebraucht worden wäre, und da man nur zu leicht zum unbewuſsten Sprachrohr eines der beiden Unternehmerchöre werden kann.

---

[1] „Ateneum“, 1891, Bd. III, S. 609.
[2] Diplom. and Cons. Reports, Nr. 1183, S. 5 u. 6.

Nachdem wir die Geschichte des Moskau-Lodzer Streites und die Hauptpunkte, um welche sich derselbe dreht, in Kürze kennen gelernt haben, wollen wir jetzt unsererseits die Konkurrenzbedingungen der beiden Industrien in allen Hauptpunkten mit einander vergleichen, um auf Grund zahlenmäfsiger Beweise einen objektiven Begriff von denselben zu gewinnen.

2. Industrielle Produktionsbedingungen in Polen und in Rufsland.

Heizmaterial. Eine der weitaus wichtigsten Produktionsbedingungen für jede Fabrikindustrie ist das Heizmaterial. Für die polnische wird gerade dieses Moment von mehreren Forschern als entscheidendes in ihrer Entwicklung angesehen und als das wichtigste in ihrem Konkurrenzkampf mit der russischen Industrie betrachtet. So sagt der Bericht der erwähnten Kommission vom Jahre 1886: „Das Heizmaterial ist zweifellos derjenige Faktor der Produktion, welcher den wichtigsten Unterschied in den Produktionsbedingungen der centralen Gouvernements und des Königreichs Polen ausmacht"[1]. Die polnische Industrie besitzt grofse und reiche Kohlenwerke, während das Centrum der russischen Industrie: der Moskauer Rayon von den Kohlenwerken des Reviers Donez weit entfernt liegt und hauptsächlich auf teure Holz- oder Torfheizung angewiesen ist. „Der Preis des Holzes im Moskauer Gouvernement wird mit jedem Tage höher, und nach den Berechnungen des Ingenieurs Bielikoff kostet im Durchschnitt ein Pud Holz 11,6 bis 13,1 Kopeken. Der Torf, dessen Verwendung in den Fabriken rasch wächst, und der schon um Moskau im Umfange von 100,000 Klafter jährlich gebraucht wird, kommt hauptsächlich infolge grofser Transportkosten auf 12, sogar auf 16 Kopeken per Pud und seine Verwendung ist überhaupt nur dann für eine Fabrik von Vorteil, wenn dieselbe in nächster Nähe der Torfmoore liegt". Die russische Kohle kostet in Moskau 13,3 Kopeken (aus Tula), 17,5 (aus Rjasan) und 25 Kopeken (vom Revier Donez). Auch die englische Kohle kostet 25 Kopeken pro Pud. „Um wie viel die meist verwendeten Heizmittel — Holz und Torf — bei gleichzeitig gegebener Unmöglichkeit, sie durch die noch teurere Kohle zu ersetzen, relativ teurer sind, und wie wesentlich diese Frage für die russische Industrie ist, kann man nach dem folgenden beurteilen: die mittlere Wärmeerzeugung ist nach den Berechnungen desselben Ingenieurs Bielikoff bei Holz 2430° (F.

---

[1] Berichte der Kommission etc., I, S. 30.

C.) bis 2700°, bei Moskauer Torf 1920—2800°, dieselbe
Wärmeerzeugung ist bei der Kohle sogar aus Tula 3280°, bei
der Kohle vom Donez aber und bei der englischen übersteigt
sie weit 5000°" [1].

In ganz anderer Lage befindet sich in dieser Beziehung
die polnische Industrie. Die Durchschnittspreise der Kohle
in den Hauptcentren der Industrie: Sosnoviz, Lodz und
Warschau sind: 2,4—4,95 Kop., 11,5 Kop. und 13 Kop. per
Pud, also niedriger als die des Holzes in Moskau, wobei die
Wärmeerzeugung natürlich bedeutend gröfser ist [2].

Berechnet pro Einheit des Produktes betragen die Ausgaben für Heizung:

in Polen in Moskau in St. Petersburg
pro Pud Baumwollgarn 38 Kop. 90 Kop. 53 Kop. [3]
Diese Angaben genügen, um den grofsen Vorteil zu zeigen,
den die polnische Industrie in Bezug auf die Heizung vor ihrer
russischen Konkurrentin hat.

Professor Schulze-Gävernitz glaubt trotz alledem sagen zu
können, dafs „natürliche Vorteile der polnischen Industrie nicht
zu gute kommen. Man weist zwar auf das billigere Heizmaterial hin, aber nach den Angaben Mendelejeffs, verglichen
mit denen der obengenannten Berichte, wird dieser Vorteil in
dem Mafse hinfällig, als Moskau zur Naphthaheizung übergeht
(1 Pud Steinkohle in Lodz 12—13 Kop., der gleiche Brenn-
wert in Naphtha 12,75 Kopeken)" [4].

Dazu ist folgendes zu bemerken. Vor allem kostet ein
Pud Steinkohle in Lodz — nicht 12—13 Kop., wie Professor
Schulze-Gävernitz meint, sondern 8³/₄—13¹/₂ (resp. 8,3—14,7)
und ein Pud Naphthakohle, d. h. eine Menge Naphtha be-
züglich Wärmeerzeugung einem Pud Kohle entsprechend —
nicht 12,75 Kopeken, sondern 13—20 Kopeken [5], also immer-
hin bedeutend mehr als die Kohle in Polen. Zweitens bildet
Naphtha einstweilen nur 20,5 % des ganzen Heizmaterials im
Moskauer Rayon — speciell in der Baumwollindustrie der
Gouvernements Moskau und Wladimir 29,4 % [6] —, kann also

<hr>

[1] l. c. I, S. 30—31.
[2] Berichte der Kommission etc., I, S. 32—33.
[3] Die Fabrikindustrie, I, S. 16—17.
[4] G. von Schulze-Gävernitz, l. c. S. 359.
[5] S. den Preis der Steinkohle in den Berichten der Kommission
zur Untersuchung etc., II, S. 104 und I, S. 33. Der Preis von 1 Pud
Naphthakohle läfst sich folgendermafsen ermitteln: „Zur Ersetzung von
100 Gewichtseinheiten der Steinkohle — schreibt Mendelejew — sind
nur 67 Gewichtseinheiten von Naphtharesten erforderlich." Der Preis
der Naphthareste aber „schwankt — nach derselben Quelle — in den
letzten Jahren ... in Moskau zwischen 20 und 30 Kopeken pro Pud".
(Die Fabrikindustrie, XII, S. 311 - 312.)
[6] l. c. I, S. 17 u. XXII, S. 264, Einleitung, S. 21.

die Produktionsbedingungen bei der überwiegenden Mehrzahl der Fabriken dieses Rayons nicht beeinflussen.

Was aber drittens die Zukunft dieser Heizungsmethode betrifft, so sagt Prof. Mendelejew in seinem speciell der Naphthaindustrie gewidmeten Aufsatz: „Die Benutzung derselben (der Naphthareste) als Heizungsmaterial ist heute, wo es (infolge des Mangels an einem Röhrensystem für die Zuleitung der Naphtha von Baku nach Batum) keine Möglichkeit giebt, die Masse der gewonnenen Naphtha zu utilisieren, die natürlichste, obwohl eine exklusive und temporäre Erscheinung" [1]. „Für gewöhnliche Heizungszwecke, besonders für Heizung der Dampfmaschinen, wo alle Arten des Heizmaterials tauglich sind, kann der Gebrauch eines so kostbaren Heizmaterials wie die Naphthareste eine weite Verbreitung nur temporär in solchen Übergangsmomenten der industriellen Thätigkeit des Landes finden, wo die Industrie noch nicht Zeit gehabt hat, sich in ein regelmäfsiges Bett zurecht zu legen, letzteres setzt aber heute in allen Ländern als Bedingung voraus — den Gebrauch der Steinkohle" [2]. Und noch weiter. „Der heutige Verbrauch von 130 Millionen Pud Naphthareste in Rufsland mufs als eine temporäre Erscheinung betrachtet werden, welche einerseits von dem Mangel an Absatz der Naphtha auf dem Weltmarkt und andererseits von dem Mangel an Intensität in der Gewinnung der Steinkohle und an deren Verbreitung in ganz Rufsland, besonders im Centrum und im Südosten, abhängt." „Die Errichtung von Eisenbahnlinien von dem Kohlenrevier Donez zur Wolga und verschiedene Mafsnahmen zur Utilisierung der Naphthavorräte in Baku und zur billigen Ausfuhr der Steinkohle vom Donez, bilden die heutigen Aufgaben der industriellen Entwicklung Rufslands und müssen der heute stattfindenden irrationell breiten Verwendung der Naphthareste von Baku für die Dampfkessel ein Ende machen" [3].

Die angeführten Citate, welche die Meinung des besten Kenners dieser Frage aussprechen, genügen u. E., um darzuthun, dafs man bei der vergleichenden Beurteilung der Heizmittel in Polen und in Moskau von der Naphthaheizung im letzteren als von einer temporären Erscheinung absehen mufs. Was jetzt „Naphthareste" genannt wird, sind nicht etwa wirkliche Produktionsabfälle, sondern das Produkt der Naphthagewinnung selbst, welches nur infolge Absatzmangels sehr ungenügend

---

[1] l. c. XII. S. 310.
[2] l. c. S. 312.
[3] l. c. S. 312 u. 313.

utilisiert und in grofsen Massen statt zu Beleuchtungs-, zu
Heizungszwecken verwendet wird, sodafs beim Export aus
Baku auf je ein Pud Naphtha z. B. im Jahre 1891 1,40, 1894
sogar 2,73 Pud Naphthareste entfielen. Demnach bilden die
sog. „Reste“ eigentlich das Haupt-, die Naphtha dagegen das
Nebenprodukt. Die Abnormität dieser Erscheinung kommt
auch in der Qualität des Produktes selbst zum Vorschein.
Die solcherweise gewonnenen „Reste“ explodieren schon bei
50^0, 40^0 und sogar 30^0 C., während die normale Explosions-
temperatur bei wirklichen Naphtharesten nicht niedriger als
$140-120^0$ C. sein darf. Daher auch die kostspieligen Folgen
der billigen Heizung: im Laufe des Jahres 1893 und 94
wurden 20 Fahrzeuge der Astrakhan-Dampfschiffgesellschaft,
die mit „Resten“ heizte, durch Feuersbrunst vernichtet[1]. Eine
andere Unzuträglichkeit der Naphthaheizung ist die, dafs diese
Reste, infolge ihrer chemischen Zusammensetzung, zur Er-
zeugung eines bestimmten Heizeffektes thatsächlich in viel
gröfseren Quantitäten verbraucht werden, als es bei wirklichen
Naphtharesten hätte der Fall sein sollen. Der Mehrverbrauch
an „Resten“ beläuft sich manchmal auf $40^0/o$[2] und wurde von
der Verwaltung der Eisenbahnlinie Petersburg - Moskau als
ständige Erscheinung konstatiert. Dies macht den wichtigsten
Vorteil der Naphthaheizung — ihre Billigkeit — zum grofsen
Teil ganz illusorisch. Hie und da fängt man auch bereits an,
vom Gebrauch der Naphthareste Abstand zu nehmen, so die
russischen Süd-Ostbahnen, die neulich zur Steinkohle zurück-
gekehrt sind. Freilich wird der Konsum der Naphthareste
in dem centralen Industrierayon, besonders infolge der Über-
produktion und der niedrigen Preise derselben, in den nächsten
Jahren noch eher zu- als abnehmen. Bei der jetzigen
Rührigkeit der russischen Regierung in der Beförderung des
Kapitalismus und in der Beseitigung aller Hindernisse aus
seinem Wege wird jedoch auch der Naphthagebrauch bald auf
seine rationellen Zwecke und die Fabriken auf die Holz- und
Kohlenheizung reduziert werden. Im letzteren Falle bleiben
aber die Vorteile Polens in voller Kraft, denn „im allgemeinen
ist das Heizmaterial in Polen die Hälfte so teuer, wie in
Moskau“[3].

2. Arbeitskraft. Dieser Faktor der industriellen
Thätigkeit wird gewöhnlich zum Beweis dafür angeführt, dafs
Polen in ungünstigere Bedingungen gestellt sei als Rufsland,

---

[1] „Der Finanzbote“ Nr. 21 vom 2. Juni 1895.

[2] R. Michajlow, Die Untersuchung der Naphthareste, „Mitteilungen
der Technologischen Gesellschaft“, Nr. 1, Januar 1898.

[3] Berichte der Kommission etc., I, S. 35.

weil es einen teureren Arbeiter als das letztere habe[1]. Die Arbeitslöhne sind in der That in Polen bedeutend höher als in Rufsland und zwar in der:

	Baumwoll-spinnerei	Baumwoll-weberei	Appre-tur	Woll-spinnerei
für Männer um	18,75 %	36 %	19 %	59 %
„ Frauen „	42 %	37 %	107 %	91 %
„ Kinder „	14 %	79 %	85 %	27 %

	Woll-weberei	Tuch-fabrikation	Halb-wollweberei	Durch-schnittlich
für Männer um	31 %	13 %	60 %	32,2 %
„ Frauen „	105 %	33 %	122 %	73,9 %
„ Kinder „	112 %	4 %	150 %	60 % [2]

Die Arbeitszeit ist dagegen in Rufsland bedeutend länger als in Polen. „Während auf den Moskauer Fabriken die dreizehn- bis vierzehnstündige Arbeit sehr verbreitet ist, wurde sie in Polen nur auf 9 Fabriken, in 3 Fällen nur in einzelnen Fabrik- abteilungen gefunden. Während auf den Moskauer Fabriken eine mehr als vierzehnstündige Arbeitszeit durchaus keine Seltenheit und ihre äufserste Grenze 16 Stunden ist, mufs in Polen die vierzehnstündige Arbeitszeit als die äufserste Grenze bezeichnet werden und auch diese wurde nur in zwei Tuch- fabriken gefunden"[3]. Überhaupt wird in 75 % der Fabriken 10—12 Stunden gearbeitet, weshalb man 11 Stunden als die durchschnittliche Arbeitszeit für Polen annehmen kann. In Moskau ist die durchschnittliche Arbeitszeit mehr als 12 Stunden. In Polen bildet die Nachtarbeit eine seltene Ausnahme, in Moskau ist sie sehr verbreitet. Und trotzdem in Polen die Zahl der Arbeitstage im Jahr 292 ist, während sie in Moskau nur 286 beträgt, so ergeben sich dennoch für Polen durch- schnittlich nur 3,212 Arbeitsstunden pro Jahr, während ihre Zahl in Moskau (nur 12 Stunden täglich gerechnet) 3,430, also um ganze 218 Stunden mehr beträgt[4].

Diese beiden Faktoren: niedriger Lohn und lange Arbeits- zeit werden gewöhnlich als wichtige Vorteile der Moskauer Industrie in ihrem Konkurrenzkampf mit der polnischen be- trachtet. Wir glauben jedoch diese Meinung als eine voreilige und oberflächliche bezeichnen zu dürfen.

Erstens wird gewöhnlich bei dem Vergleiche der Lohn der männlichen Arbeiter in Rufsland mit dem Lohn der männlichen

---

[1] . . . „Dabei stehen die Wochenlöhne in Polen höher als in Rufs- land. . . . Der Arbeitstag ist in Moskau um so viel länger" etc. (Schulze- Gävernitz, l. c. S. 359.) Desgl. Die industrielle Politik Rufslands in dessen polnischen Provinzen, „Neue Zeit", 1893/94, Bd. II, S. 791.

[2] Berichte der Kommission etc., I, S. 39.

[3] l. c. I, S. 41.

[4] l. c. I, S. 42 u. 43. Vgl. W. W. Swiatlowsky, l. c. S. 39.

in Polen, desgleichen der Lohn der weiblichen in Rufsland mit dem Lohn der weiblichen in Polen zusammengestellt. So wurde auch u. a. von der Kommission zur Untersuchung der polnischen Industrie 1886 verfahren. Dies ist indessen, wie schon der Fabrikinspektor Swiatlowsky bemerkt hat, insofern falsch, als in Polen die Frauen- und Kinderarbeit weit mehr verbreitet ist als in Rufsland, weshalb in Polen vielfach ein weiblicher Arbeiter dem männlichen in Rufsland gegenübersteht, und die Löhne der männlichen russischen Arbeiter daher vielfach nicht mit denen der männlichen polnischen, sondern mit denen der weiblichen verglichen werden müfsten[1]. Die Zahl der beschäftigten Frauen beträgt in der That in der Textilindustrie (die bei der Konkurrenzfrage vor allem in Betracht kommt) in Polen mehr als 50 % des ganzen Fabrikpersonals, im Moskauer Rayon dagegen in der Baumwollindustrie nur 37 %, in der Wollindustrie sogar nur 28 %[2].

Vergleicht man aber die Löhne der männlichen Arbeiter in Rufsland mit denen der weiblichen in Polen, so verschiebt sich das Bild vielfach zu Ungunsten des Moskauer Rayons, auf jeden Fall ergiebt sich ein Ausgleich der Bedingungen. Die Durchschnittslöhne in der Textilindustrie sind monatlich in Rubeln:

	in Polen	in Rufsland	
für Männer	20,1	15,2	
„ Frauen	15,3	8,8	
„ Kinder	8,8	5,5	[3]

Will man also wirkliche und genaue Data über die relative Lohnhöhe in Rufsland und in Polen gewinnen, so mufs man aufser den nominellen Löhnen auch die Zusammensetzung des Arbeiterkontingents nach Geschlecht und Alter in beiden Ländern berücksichtigen, und das so gewonnene Resultat wird vielfach ein bedeutend anderes als das obige sein. Dies ist vor allem das Korrektiv, das zu dem gewöhnlich aus dem Vergleich der Löhne gezogenen Schlusse zu machen wäre.

Zweitens wird oft aufser Acht gelassen, dafs der russische Arbeiter sehr häufig von der Fabrik Wohnung, hie und da sogar Kost bekommt. Und zwar gilt dies nicht nur für ledige Arbeiter, sondern auch für verheiratete, deren Familien gewöhnlich in derselben Fabrikkaserne wohnen. Das Heizmaterial wird ihnen dabei gleichfalls von der Fabrik verabfolgt[4].

---

[1] W. W. Swiatlowsky, l. c. S. 59—60.
[2] Berichte d. Kommission etc., I, S. 71.
[3] l. c. I, S. 39.
[4] W. W. Swiatlowsky, l. c. S. 47. — Bericht des Fabrikinspektors für den Petersburger Rayon, S. 11. — In drei industriellen Bezirken des Moskauer Gouvernements, wo diesbezügliche Erhebungen gemacht

Dies sollte zu dem Lohn des russischen Arbeiters hinzugerechnet werden, wenn man einen genauen Vergleich anstellen will. Somit ist der Unterschied sogar in dem nominellen
Lohn zu Ungunsten Polens nicht so grofs, wie das bei ober-
flächlicher Zusammenstellung erscheinen könnte.

Viel wichtiger aber sind weitere Momente, welche darthun,
dafs die Fabrikarbeit in Polen bedeutend intensiver ist als
in Rufsland.

Der polnische Arbeiter ist vor allem durchschnittlich
intelligenter und gebildeter. Soweit Prof. Janschul darüber
Untersuchungen angestellt hat, hat es sich ergeben, dafs in
dem centralen Rayon die Zahl der Arbeiter, welche lesen und
schreiben können, 22—36 % der Gesamtzahl, in Polen dagegen
45—65 % beträgt[1].

Der polnische Arbeiter nährt sich ferner besser als der
russische, und das gilt besonders von den Frauen[2]. Die
Arbeiterschaft ist drittens in Polen eine stabile, ausschliefslich
auf Fabrikarbeit angewiesene Bevölkerungsschicht. In Rufsland
besteht immer noch ein beträchtlicher, wenn auch allmählich
abnehmender Teil des Arbeiterkontingents aus Bauern, die
zur Sommerszeit aufs Land zurückkehren und die feine Fabrikarbeit mit groben Feldarbeiten vertauschen[3].

Der polnische Arbeiter ist viertens in seiner Lebensweise
viel individualisierter als der russische. Dieser wohnt, wie
erwähnt, vielfach in Fabrikkasernen und ist auf Fabrikkost
angewiesen. Eine solche Lebensweise führt aber unter Umständen zur gänzlichen Verkümmerung der Individualität. Der
russische Arbeiter bleibt dabei stets der Kontrolle seiner Vor-
gesetzten unterstellt und ist sogar in seinem Privatleben an
das Fabrikreglement gebunden. Der Moskauer Fabrikinspektor
weifs von Fabriken zu berichten, wo das Singen — sei es in
den Werkstätten oder in den Wohnstuben — mit einer Bufse
von 5 Rubel geahndet wird, ebenso verfallen die Arbeiter einer
hohen Strafe, wenn sie einander Besuche abstatten und dgl. .[4].
Nicht selten wird den Arbeitern eine Wohnung in feuchten

---

worden sind, wohnen in den Fabrikkasernen 56,8 % der gesamten
männlichen Arbeiter; in der Gruppe der Spinner und Weber steigt diese
Zahl auf 66,8 %. (Dementjew, Die Fabrik etc., S. 42.) Nach denselben
Erhebungen entfallen von der Gesamtzahl der Kasernenbewohner 22,2 %
auf Familienangehörige der Arbeiterschaft, welche selbst in der Fabrik
nicht beschäftigt sind. (l. c. S. 44.)

[1] J. J. Janschul, Der Fabrikarbeiter in Mittelrufsland und im
Königreich Polen, „Europäischer Bote", Februar 1888, S. 794.

[2] l. c. S. 792.

[3] In den drei erwähnten industriellen Bezirken des Moskauer G.
beträgt die Zahl der erwachsenen männlichen Arbeiter, die im Sommer
die Fabrik verlassen, durchschnittlich 14,1 %, in der Textilbranche
19,7 % der gesamten Arbeiterschaft. (Dementjew l. c. S. 4.)

[4] Bericht des Fabrikinspektors für den Moskauer Rayon, S. 81.

Fabrikkellern zugewiesen oder in Räumen, die so niedrig sind, dafs man fast nur auf allen Vieren ins Innere eindringen kann[1]. In Polen liegen die Verhältnisse anders: Der Arbeiter führt immer einen eigenen Haushalt, und seine Behausung ist überhaupt bedeutend besser.

Nach der übereinstimmenden Meinung aller Forscher, die die Lohnarbeit zum Gegenstande ihrer Untersuchungen gemacht haben, sind nun alle angeführten Momente: Bildung, bessere Wohnung und Nahrung, individueller Haushalt, kurz alles, was die Lebenshaltung des Arbeiters hebt, auch für die Intensität seiner Thätigkeit von entscheidendster Bedeutung[2].

Endlich herrscht in Polen der Stücklohn, der bekanntermafsen die Intensität der Arbeit aufs höchste steigert, in Rufsland dagegen der Zeitlohn vor.

Alle erwähnten Momente lafsen uns die Arbeit des polnischen Fabrikarbeiters als viel intensiver im Vergleich mit der des russischen Arbeiters erscheinen. Und diese Eigenschaft des polnischen Arbeiters wiegt seinen höheren nominellen Lohn und die kürzere Arbeitszeit so stark auf, dafs er schliefslich dem polnischen Fabrikanten billiger zu stehen kommt als der russische dem seinigen[3].

Berechnet pro Pud beträgt der Arbeitslohn nämlich:

	für Baumwollgewebe	für Baumwollgarn
in Polen	0,77—1,50 Rubel	0,66—1,20 Rubel
in Rufsland	2 Rubel und mehr	0,80—1,50 - [4]

---

[1] Bericht des Fabrikinspektors für den Rayon Wladimir, S. 68.

[2] Vgl. Th. Brassey, Work und Wages, auch L. Brentano, Über das Verhältnis von Arbeitslohn und Arbeitszeit zur Arbeitsleistung.

[3] „In Ländern von verschiedener Entwickelungsstufe der kapitalistischen Produktion und daher von verschiedener organischer Zusammensetzung des Kapitals, kann die Rate des Mehrwerts (der eine Faktor, der die Profitrate bestimmt) höher stehen in dem Lande, wo der normale Arbeitstag kürzer ist als in dem, wo er länger. Erstens: Wenn der englische Arbeitstag von 10 Stunden seiner höheren Intensität wegen gleich ist einem österreichischen Arbeitstag von 14 Stunden, können bei gleicher Teilung des Arbeitstags 5 Stunden Mehrarbeit dort einen höheren Wert auf dem Weltmarkt darstellen als 7 Stunden hier. Zweitens aber kann dort ein grösserer Teil des Arbeitstags Mehrarbeit bilden als hier." (Karl Marx, Das Kapital, Bd. III, Teil 1, S. 195—196.)

[4] J. J. Janschul, Der Fabrikarbeiter in Mittelrufsland etc., S. 791. — Nach Swiatlowsky (l. c. S. 61) ist in Polen nur die Weberarbeit billiger, die Spinnerarbeit dagegen teurer als in Rufsland. — Nach „Die Fabrikindustrie Rufslands" I, S. 17 sind die Herstellungskosten von 1 Pud Baumwollgarn in Polen und in Moskau im ganzen ungefähr gleich, wobei der polnische Fabrikant, wenn er auch für das Heizmaterial um 52 Kopeken weniger, doch für Arbeitskraft mehr als der Moskauer und zwar 33 Kopeken ausgiebt. Für zuverlässiger halten wir die von uns im Text angeführten auf Grund persönlicher Erhebungen von Janschul ermittelten Angaben über den Arbeitslohn. Als ehemaliger Fabrikinspektor des Moskauer Rayons und Leiter der Kommission zur Untersuchung der Industrie in Polen hatte er Gelegenheit, die polnische und russische Industrie aus eigener An-

Der Unterschied in der Arbeitsdauer in Polen und in
Rufsland gehört jetzt, nachdem der Arbeitstag in beiden Ländern
neulich durch das Gesetz auf 11 ¹/₂ Stunden reduziert worden
ist, der Vergangenheit an. Die neue Mafsregel kommt jedoch,
wenn sie auch mit der Zeit für den Moskauer Rayon zweifellos zum Stachel der technischen Entwicklung wird, vor allem
und vielleicht auf Jahre hinaus den polnischen Industriellen
in ihrem Konkurrenzkampf zu gute, denn die Leistungs-
fähigkeit des russischen Arbeiters, deren geringer Grad mit
so vielen anderen Momenten zusammenhängt, läfst sich offenbar
nicht von heute auf morgen steigern. Wie berechtigt dieser
Schlufs, zeigt die Thatsache, dafs die polnischen Fabrikanten
schon 1892 — teils um den Arbeitern, die im Mai desselben
Jahres in Lodz einen imposanten Strike in Scene setzten, ein
freundliches Gesicht zu zeigen, hauptsächlich aber um den
Moskauer Konkurrenten einen Hieb zu versetzen, sich an die

schauung kennen zu lernen. — „... Trotz der niederen Löhne ist die Arbeit
in Rufsland sehr teuer. In England erfordern 1000 Baumwollspindeln
3 Arbeiter, in Rufsland nach Mendelejeff 16,6. Wenn also der Engländer selbst vierfachen Lohn erhielte, wie der Russe, so arbeitete er
doch immer noch weit billiger. Zu den Löhnen aber kommen noch die
hohen Kosten für Aufsicht, Pafswesen, Arbeiterwohnungen, Kranken-
häuser u. s. w., welche in England ganz, in Polen zum grofsen Teil
wegfallen". (Schulze-Gävernitz, l. c. S. 361.) Dies alles verhindert jedoch
seltsamerweise Prof. Schulze-Gävernitz nicht, die höheren Wochenlöhne
— wie wir gesehen — als einen die Vorteile der billigeren Heizung
aufwiegenden Nachteil der polnischen Industrie anzuführen. — Ebenso
sagt hier das englische Blaubuch: „Although the Russian manufacturer
appears to have an advantage in these respects" (the extraordinarily
low rate of wages), „the cost of production is greater for him than for
the Polish manufacturer" .... (Royal commission etc.. vol. X, S. 9.) Und
weiter: „There is a still more striking difference between the Polish
and Russian workpeople. The latter, although now nominally free, are
but little removed from their former condition, and have small ambition
to improve their position. The Poles have a far higher standart of
comfort, and since they depend entirely upon their wages for their
support, they are not contented with low earnings, but still their work
is found to be less expensive than that of the Russians". (l. c.) Die
Charakteristik des russischen Arbeiters ist übrigens stark antiquiert;
die seit 1896 nicht aufhörenden grofsen Strikes in Rufsland beweisen,
dass auch die dortigen Arbeiter have ambition to improve their position.
In dem Artikel „Industrielle Politik Rufslands etc.", „Neue Zeit,"
l. c. S. 791 heifst es: „Die Arbeitskraft ist in Rufsland auch billiger
als in Polen..... Dabei ist die Arbeitszeit in Rufsland viel länger als
in Polen.... Was aber die Intensität der Arbeit anbetrifft,
so ist sie, wie uns der erwähnte Fabrikinspektor Swiatlowsky versichert, in beiden Ländern gleich". Von einer
solchen „Versicherung" ist in den Schriften von Swiatlowsky keine Spur
zu finden. Es würde Swiatlowsky übrigens schwer fallen, die ihm in
den Mund gelegte Versicherung zu geben, erstens weil er nirgends die
dem Verfasser des Artikels „Industrielle Politik" so stark innewohnende
Neigung verrät, dem Leser etwas zu versichern, was nicht existiert,
und zweitens weil er in der Frage der Intensität der Arbeit in Polen
vielmehr das gerade Gegenteil „versichert". S. W. W. Swiatlowsky,
l. c. S. 59—61.

Regierung mit dem Gesuch gewendet haben, den Arbeitstag
im ganzen Reiche auf 11 Stunden zu reduzieren, welches
Projekt dazumal vorzugsweise an dem Widerstand des russischen
Unternehmertums scheiterte.

3. Zusammensetzung des Kapitals. Auch dieses
wichtige Moment ist in Polen anders als in Rufsland gestaltet.
In Polen wird die Summe des fixen Kapitals eines Etablissements
von dem Werte seiner jährlichen Produktion meistens über-
troffen, manchmal sogar zwei bis drei Mal, im Durchschnitt
aber ist das Verhältnis des fixen Kapitals zum Produktionswert
wie 2 : 3,2[1]. In Rufsland, besonders im Centralrayon ist das
Verhältnis ein inverses. Hier ist der Produktionswert (in den
gleichen Produktionszweigen) oft kleiner als das fixe Kapital,
höchstens demselben gleich und nur selten beträchtlich höher.
Diese Erscheinung ist auf zwei Umstände zurückzuführen.
Erstens wird in Rufsland für Baulichkeiten der Unternehmungen
viel mehr ausgegeben als in Polen, weil die Baumaterialien
überhaupt bedeutend teurer sind[2]. Zweitens aber weil in
Rufsland die grofse Mehrheit der Fabriken eigene Arbeiterkasernen besitzt, was in Polen nie vorkommt[3].

Wenn daher das, was Marx die „organische Zusammensetzung des Kapitals" nennt (das Verhältnis des konstanten
zum variablen Kapitalteil) in Rufsland auch „höher" als in
Polen ist, so hängt dies durchaus nicht mit der höheren
Entwicklungsstufe der russischen Produktion, sondern im Gegenteil zum grofsen Teil mit ihrer primitiveren Betriebsweise zusammen, welche eine Reihe von Ausgaben notwendig macht,
die mit dem eigentlichen Produktionsprozefs nichts zu thun
haben. — Daraus ergiebt sich schon, dafs — alle andern Bedingungen der Produktion und des Absatzes gleichgesetzt —
die polnischen Unternehmer in der Lage sind, beim Verkauf
ihrer Waren auf den russischen Märkten einen Surplusprofit
im Vergleich zu den russischen Unternehmern zu erzielen.
Es kommt aber noch hinzu, dafs die polnische Arbeit, wie
gezeigt, viel intensiver ist.

4. Die Umschlagsperiode des Kapitals ist in Polen
viel kürzer als in Rufsland. Erstens werden in Rufsland Vorräte an Heizmaterial und an Rohstoffen für lange Fristen gemacht. Die hohen Preise und der allgemeine Mangel an Heizmaterial im Innern Rufslands zieht für die Fabrikanten die
Notwendigkeit nach sich, grofse Geldsummen zum Ankauf von

---

[1] Berichte der Kommission etc., I, S. 10.
[2] Die Ziegelsteine kosteten z. B. per 1000 Stück:
1876 in Lodz 14—15 Rubel, 1874 in Moskau ca. 32 Rubel,
1886 - - 8—9 - 1887 - - - 22 - (l. c. I, S. 13).
[3] Die Errichtung von Kasernen und dergl. kostete z. B. zwei
gröfseren russischen Fabriken zu je 400 000 Rubel, ca. ⅙ des ganzen
fixen Kapitals (l. c. I, S. 12).

Wäldern oder Torfmooren auszulegen. Auf diese Weise hat fast jede gröfsere Moskauer Fabrik ein mehr oder minder beträchtliches totes Kapital in Wäldern und Morästen liegen. Aufserdem werden Holz und besonders Torf nur im Winter billig und bequem geliefert, daher legt jede Moskauer Fabrik Vorräte von diesen Heizmaterialien für ein ganzes Jahr, sogar für zwei Jahre an [1]. In Polen werden bei der Steinkohlenheizung angesichts kleiner Entfernungen Vorräte nur für 1—4 Wochen, höchstens für 3 Monate aufgespeichert [2]. Desgleichen werden in Rufsland Vorräte an Rohstoffen, besonders an Baumwolle für längere Zeit, in Polen dagegen nur für 2—6 Monate angelegt [3].

Zweitens realisiert der polnische Fabrikant seine Produkte viel schneller als der russische. Der polnische gewährt seinen Abnehmern meistens nur 3—6 monatlichen, der russische 12—18 monatlichen Kredit. Der polnische produziert — nach englischem und deutschem Muster — auf Bestellung vermittelst seiner Commisvoyageurs, der russische dagegen nach eigenem Ermessen, manchmal für zwei bis drei Jahre auf Vorrat [4]. Auch dieses Moment besagt, dafs das polnische industrielle Kapital — caeteris paribus — zum Konkurrenzkampf besser gerüstet ist.

5. Die Konzentration der Produktion ist in Polen bedeutend gröfser als in Rufsland. Der Produktionswert einer Fabrik war in Rubeln durchschnittlich in den mit Accise nicht belegten Branchen:

	1885	1886	1887	1888	1889	1890
in Rufsland:	50,824	52,248	54,601	58,237	58,972	57,578
in Polen:	57,875	63,860	71,894	74,051	71,305	71,248 [5].

Noch gröfser ist der Unterschied, wenn man einzelne Produktionszweige vergleicht. In der Kohlenindustrie z. B. stellt sich das Verhältnis folgendermafsen dar. Nimmt man

---

[1] l. c. I, S. 36.
[2] l. c. I, S. 36 u. II, S. 105.
[3] l. c. II, S. 26.
[4] l. c. I, S. 20, A. S., Moskau und Lodz, S. 52—54.
[5] Materialien zur Handels- und Industriestatistik für die Jahre 1885—1887, S. VI u. XI, für das Jahr 1888, S. 106 u. 126, 1889, S. 134 u. 158, — 1890, S. 110 u. 131. — Die Zahlen für Rufsland beziehen sich hier wie weiter S. 52—56, wenn nicht näheres angegeben, nur auf das Europäische Rufsland ohne Finnland und Polen. Das Asiatische Rufsland kommt bei der Konkurrenzfrage überhaupt nicht in Betracht und die Heranziehung desselben beim Vergleich würde das Bild nur noch mehr zu Ungunsten Rufslands verschieben.
Wenn der Verfasser des Artikels „Industrielle Politik etc.", „Neue Zeit", l. c. S. 791 sagt: „Endlich ist das Kapital in Rufsland mehr konzentriert. Der durchschnittliche Bruttoertrag einer Fabrik ist in Rufsland 45 898 Rubel, in Polen 35 289 Rubel", so ist diese seine Behauptung ebenso wie die von ihm angeführten Ziffern einfach aus der Luft gegriffen.

die Zahl der Gruben und der Schächte, sowie die Produktionsmasse in Rufsland für 100, so findet man in Polen:

1890	Gruben	Schächte	Produktion	
Polen	6,8 %	6,2 %	70,6 %	[1]

Bei einer sechzehnmal geringeren Zahl der Schächte
gleicht also die Kohlengewinnung in Polen mehr als $^{11}/_{16}$ der
russischen Kohlengewinnung. 85 % der ganzen jährlichen
Produktenmasse des Dombrowaer Rayons (1893) wird von 5 Betrieben geliefert [2].

In anderen Zweigen, wie in der Baumwollindustrie ist
der Bruttoertrag pro Fabrik in Rufsland gröfser. Die geringere
Konzentration dieser Produktion in Polen hängt aber mit
speciellen Umständen zusammen, auf welche hier einzugehen
uns zu sehr ins Detail führen würde und die jedenfalls mit
dem Grad ihrer technischen Entwicklung nichts zu thun haben.
Im Gegenteil ist in Polen, wie wir gleich sehen werden, der
auf einen Arbeiter zufallende jährliche Produktionswert auch
in diesem wie in den meisten anderen Zweigen bedeutend
gröfser als in Rufsland.

6. Die Technik der Produktion endlich bildet den
wichtigsten Unterschied zwischen der polnischen und der
russischen Industrie. Wir wollen mit Bezug auf die Technik
die bedeutendsten Produktionszweige in beiden Ländern miteinander vergleichen.

Um bei der Textilbranche anzufangen, weist zunächst die
Baumwollindustrie auf:

1890	Fabriken	Spindeln	Webstühle	Dampfpferdekräfte
Rufsland	351	2 819 326	91 545	38 750
Polen	94	472 809	11 084	13 714

1890	Produktion in 1000 Rubel	Männer	Frauen	
Rufsland	208 581	103 916	83 941	
Polen	31 495	10 474	9 535	[3]

Aus der obigen Zusammenstellung ist die technische Überlegenheit der polnischen Baumwollindustrie klar. Im Verhältnis zu der russischen hat sie:
Arbeiter 10 %, Produktion 15 %, Dampfkräfte 35 %.

Auf je einen Arbeiter kommt daher in Rufsland 1 110 Rb.
jährlicher Produktion, in Polen 1574 Rb., d. h. um 42 %
mehr. Der Dampfkräfte kommen

---

[1] Der Bergbau Rufslands, S. 71 u. 73.
[2] Die Produktivkräfte Rufslands, VII, S. 39.
[3] Zusammengestellt nach den Materialien zur Handels- und Industriestatistik für das Jahr 1890, S. 172—179, bezieht sich auf die Baumwollspinnereien und -webereien allein. Im Obigen und weiter S. 53 vergleichen wir nur die Dampfkräfte in den beiden Ländern, die Wasser-
motoren spielen in der russischen Baumwoll- und Wollindustrie eine
äufserst geringe, in der polnischen eine ganz verschwindend kleine Rolle.

in Rufsland: auf je 1000 Arbeiter 204, auf je 1 Mill. Rubel Prod. 186,
in Polen: - - 1000   -   685, - - 1 -   -   - 439,
in Polen also um 236 % resp. 136 % mehr.

Endlich ist in Polen die Verwendung der Frauenarbeit
gröfser als in Rufsland. Hier bilden die weiblichen Arbeiter
44,7 % des Personals, dort 47,6 %. Nach anderen Angaben,
die wir früher mitteilten und die uns mehr Vertrauen einflöfsen,
weil sie nicht von summarischer bureaukratischer Statistik,
sondern von einer speciellen Kommission ermittelt wurden, ist
die Verwendung der Frauenarbeit in Polen viel höher, in
Rufsland dagegen geringer.

Ungefähr das gleiche Resultat ergiebt die Zusammenstellung der Wollindustrie in Polen und in Rufsland.
Diese weist auf:

1890	Fabriken	Spindeln	Webstühle	Dampfpferdekräfte
Rufsland	164	77 474	11 784	2 230
Polen	168	245 892	4 016	6 667

1890	Produktion in 1000 Rubel	Männer	Frauen
		Arbeiter:	
Rufsland	21 585	14 471	7 050
Polen	26 199	8 486	6 670 [1]

Es entfallen also auf Polen im Verhältnis zu Rufsland:
Arbeiter 70,4 %, Produktion 121 %, Dampfkr. 299 %,
daher auf einen Arbeiter in Rufsland 1 003 Rubel, in Polen
1 729 Rubel jährlicher Produktion d. h. um 72 % mehr. Der
Dampfkräfte kommen
in Rufsland: auf je 1000 Arbeiter 104, auf je 1 Mill. Rubel Prod. 103,
in Polen: - - 1000   -   440   - - 1 -   -   - 254.

Wenn wir also die auf 1000 Arbeiter oder auf 1 Million
Rubel Produktion entfallende Zahl der Dampfkräfte in Rufsland
für 100 nehmen, so finden wir deren in Polen um 323 % resp.
146 % mehr. In der Verwendung der Frauenarbeit sehen
wir hier einen noch gröfseren Unterschied zwischen Polen
und Rufsland als in der Baumwollindustrie, nämlich in Rufsland
32,7 % weibliche Arbeiterschaft, in Polen 44 %. Die technische
Überlegenheit der polnischen Textilindustrie kommt ferner
noch darin zum Ausdruck, dafs in Polen in vielen Zweigen
höhere Nummern des Spinngarns und feinere Sorten der Stoffe
verfertigt werden als in Rufsland.

Wenden wir uns der zweiten wichtigsten kapitalistischen
Produktionsbranche, der Kohlenindustrie, zu. Der starken

---

[1] l. c. 160—163. — Wir vergleichen im Obigen speciell die Wollspinnereien und -webereien, welche in Polen 72 % des gesamten
Ertrags der Wollindustrie in diesem Jahre repräsentieren, s. S. 24.

Konzentration derselben in Polen haben wir schon Erwähnung
gethan. Es kommt von dem jährlich gewonnenen Produkt
auf 1 Grube:
im südrussischen Rayon   678 000 Pud Kohle
in Polen   7 500 000   -   -   + 1006 %
auf 1 Schacht:
im südrussischen Rayon   240 000 Pud Kohle
in Polen   2 985 000   -   -   + 1144 % [1]

(Wir vergleichen das polnische Kohlenbecken hier und
weiter unten speciell mit dem südrussischen, weil dies das
gröfste und für die Zukunft auch das wichtigste Bassin Rufslands ist.)

Man findet ein entsprechendes Verhältnis, wenn man die
Produktionsmasse, die Zahl der beschäftigten Arbeiter und
die der angewandten Dampfkräfte vergleicht.

	1890 Dampfkräfte	Arbeiter	Prod. in Mill. Pud
Russland	6 701	30 077	213,4
Südr. Rayon	5 856	25 167	183,2
Polen	10 497	8 692	150,8 [2]

Während also in Polen (1890) ein Arbeiter 17,348 Pud
Kohle jährlich fördert, kommen in Rufsland nur 7,096 Pud
auf einen Arbeiter und speciell im Südruss. Rayon 7,281 Pud,
ca. 2½ mal weniger als in Polen. — Von den Dampfkräften
entfallen   auf 1 Schacht:
                                in Rufsland   8
                                in Polen   202
                    auf je 1000 Arbeiter:
        in Rufsland   223
        im südrussischen Rayon   233   (100 %)
        in Polen   1208   (+ 419 %).

Von 1890 bis 1894 ist die Zahl der Dampfkräfte im
polnischen Kohlenbau um mehr als 50 % gewachsen: von
10 497 auf 15 934 [3].

Von den übrigen wichtigen Industriezweigen wollen wir
noch die Zuckerindustrie herausgreifen.

Schon der Rübenbau wird in Polen bedeutend rationeller
betrieben, als in den beiden russischen Rayons der Zuckerproduktion. Die durchschnittliche Rübenernte war z. B. in
den Jahren 1882—1890 von 1 Dessjatin:

        im centralen Rufsl.   Südwestl. Rufsl.   Polen
    73,2—125,3 Berkowetz;   80,1—114,4 B.   88—127,6 B. [4]

---

[1] Der Bergbau Rufslands, S. 75.
[2] l. c. S. 71, 73 u. 74.
[3] „Der Finanzbote“, Nr. 29 vom 28. Juli 1895.
[4] Die Fabrikindustrie XIII, S. 13.

Im Jahre 1895:

im centralen Rufsl. Südwestl. Rufsl. Polen
51,1—117,4 Berkowetz; 90,0—121,2 B. 94,3—144,5 B. [1].

Ebenso ist die Qualität der polnischen Runkelrübe viel höher als die der russischen. Der Zuckergehalt in dem Safte und die Reinheit desselben sind

1890—1891		Zuckergehalt im Safte	Reinheit
Südwestlicher Rayon		13,49 %	80,85 %
Centraler	„	13,63 %	78,94 %
Polen	„	14,81 %	85,20 % [2]

Dieselbe Überlegenheit der polnischen Technik zeigt die höhere Ausbeute an weifsem Zucker aus dem Rübensaft und die geringere an der Melasse.

1881/2—1890/1 war diese durchschnittlich

		an weifsem Zucker	an der Melasse
Centraler	Rayon	7,0—9,47 %	3,29—4,24 %
Südwestlicher	„	7,7—10,48 %	3,60—4,31 %
Polen	„	8,2—11,39 %	1,53—2,28 % [3]

Endlich wird auch die Verwertung der Fabrikationsabfälle in der polnischen Zuckerindustrie viel intensiver und in gröfserem Umfange betrieben als in der russischen. Mit der Gewinnung des Zuckers aus der Melasse vermittelst der Osmose beschäftigten sich 1890/1

im central. u. südwestl. Rayon von 182 Fabriken 10 mit 125 Osmoseappar.
in Polen   -   -   -   - 40 - 24 - 206   -   [4]

Aus der obigen vergleichenden Analyse aller wichtigsten Produktionsbedingungen erhellt, dafs die polnische Industrie bedeutend besser zum Konkurrenzkampf gerüstet ist, als die russische, speciell die centralrussische. Es ist zwar eine feststehende Thatsache, dafs der Moskauer Rayon seinerseits wichtige Vorteile in der Baumwollindustrie, so den Überflufs an Wasser, aufzuweisen hat, während der Lodzer Rayon in dieser Beziehung, wie erwähnt, an einem grofsen Mangel leidet. Andererseits steht Polen in einem der wichtigsten Zweige der Volkswirtschaft — in der Eisenindustrie — in Bezug auf natürlichen Reichtum Rufsland nach, so dafs es für seine Eisenwerke zum Teil Erz, desgleichen Coaks aus dem südrussischen Revier beziehen mufs, und obendrein ist die Metallproduktion im Revier Donez auch viel stärker konzentriert, als in Polen. Es ist auch ferner wahr, dafs Moskau wichtigen Absatzgebieten für die Textilindustrie — dem östlichen Teile Rufslands

---

[1] „Der Finanzbote", Nr. 1 vom 17. Januar 1897.
[2] Die Fabrikindustrie, XIII, S. 11.
[3] l. c. S. 16.
[4] l. c. S. 19.

und Asien — viel näher gelegen ist als Polen. Jedoch die
Vorteile, welche wir auf polnischer Seite in allen Branchen
finden: tüchtigere Arbeitskraft, billigeres Heizmaterial, höhere
Technik des Produktionsprozesses und des Handels, dürften
u. E. zu einem Vielfachen die Vorteile der russischen
Industrien aufwiegen. Denn alle die aufgezählten Momente
haben eine konstante Bedeutung, ja, werden mit jedem Tag
mehr ausschlaggebend im Konkurrenzkampf. Wie sehr heute
schon die Bedeutung der Absatzentfernungen gegenüber der
technischen Überlegenheit der Industrie in den Hintergrund
tritt, bewies neulich das überraschende Umsichgreifen des
d e u t s c h e n Absatzes in England, ja, in den englischen Kolo-
nien. Innerhalb eines und desselben Zollgebietes hängt selbstverständlich der Ausgang des Wettkampfes auf dem Warenmarkt in noch viel höherem Maße von der Entwicklungsstufe
der Produktion ab, d. h. von demjenigen Momente, welches die
p o l n i s c h e Industrie auf ihrer Seite hat. Dies bestätigt auch
u. A. die Thatsache, daß z. B. die polnische Eisenindustrie,
trotz dem erwähnten relativen Mangel an natürlichen Vorteilen,
der südrussischen im Süden Rußlands selbst eine arge Konkurrenz bereitet und daß sie sich neben der südrussischen auf
Kosten aller andern Rayons des Reiches entwickelt[1]. Außer
dem polnischen bildet auch der St. Petersburger Industrierayon
ein fortschrittlicheres technisch ziemlich hoch entwickeltes
Produktionsgebiet Rußlands, und es liegt für Polen ein besonders günstiger Umstand eben darin, daß es auf den wichtigsten Absatzgebieten gerade mit dem Moskauer Rayon in
Wettkampf tritt, welcher den zurückgebliebensten Industrierayon Rußlands bildet und mit seiner langen Arbeitszeit,
niedrigen Löhnen, dem Trucksystem, der Kasernierung der
Arbeiterschaft, enormen Vorräten an Rohstoffen, kurz mit

---

[1] „Es sind also alle Produktionsbedingungen für Rußland günstiger
als für Polen". Diesen verkehrten Schluß zieht der Verfasser der „Industriellen Politik etc.", „Neue Zeit", l. c. S. 791, aus seinen in allen
Punkten verkehrten Angaben über die Produktionsverhältnisse Polens
und Rußlands, bei welchen er die zwei Kleinigkeiten — das Heizmaterial und die Produktionstechnik — gänzlich vergessen hat. Da
es aber eine nicht wegzuläugnende Thatsache ist, daß polnische Waren
in Wirklichkeit die russischen aus dem Felde schlagen, und somit die
Behauptung von „allen ungünstigeren Produktionsbedingungen" mit
einem Schlag über den Haufen geworfen wird, so hilft sich der Verfasser aus der Verlegenheit durch den Hinweis auf die persönlichen
Eigenschaften des polnischen Fabrikpersonals. „Die einzige (!) Ursache
dieser Sachlage ist eine größere kommerzielle Gewandtheit der polnischen
Fabrikanten und speciell ein besser ausgebildetes höheres Fabrikpersonal,
das hauptächlich aus D e u t s c h e n und Ö s t e r r e i c h e r n besteht". (l. c.) Der
Verfasser weiß offenbar nicht, daß wir in einem Zeitalter leben, wo
auf dem kapitalistischen Schlachtfelde die D a m p f k r a f t entscheidet,
und daß es vor dem Antlitz des Gott Merkur keine auserwählten Völker
giebt.

seiner ökonomischen Rückständigkeit im ganzen Reiche allein dasteht.

Das Nebeneinanderbestehen so verschiedener Produktionsstufen, wie sie von der polnischen und der St. Petersburger Industrie einerseits und der Moskauer andererseits vertreten werden, ist auch nur angesichts zweier Umstände möglich: erstens der Gröfse des russischen Absatzmarktes, auf dem noch alle Konkurrenten genügend Platz finden, und zweitens der durch die Zollpolitik geschaffenen Treibhausatmosphäre, welche diesen enormen Absatzmarkt in das ausschliefsliche Monopol der inländischen — russischen und polnischen — Unternehmer gebracht hat.

3. Die ökonomischen Beziehungen zwischen Polen und Rufsland.

Es ist nach dem Vorhergehenden klar, dafs — würde nur die freie Konkurrenz im Kampfe zwischen der polnischen und der russischen Industrie entscheiden — die Zukunft der ersteren gesichert wäre, wenigstens insofern überhaupt der kapitalistischen Entwicklung des russischen Reichs von den allgemeinen Schicksalen der Weltwirtschaft eine kürzere oder längere Frist gewährt wird.

Wir haben jedoch schon den andern wichtigen Faktor erwähnt, der für die Zukunft des polnischen Kapitalismus von gröfster Bedeutung ist — wir meinen die ökonomische Politik der russischen Regierung. Es ist um so nötiger, gerade diesen Faktor hier näher zu beleuchten, als die Frage vor einigen Jahren bekanntlich so viel Staub aufgewirbelt hat, und man sogar die Meinung vernehmen konnte, dafs seit Mitte der achtziger Jahre eine förmliche „Verfolgungsära" für die polnische Industrie angebrochen sei.

Eigentlich hätte man Grund genug, alle Behauptungen in diesem Sinne von vorneherein als unbegründet zu betrachten. Der beste und letzte Prüfstein für alle einschlägigen ökonomischen Regierungsmafsnahmen — das Wachstum der Industrie in Polen bis zum letzten Augenblick und zwar immer noch in demselben reifsenden Tempo, beweist — wie es scheinen sollte — zur Genüge, dafs aller Lärm um das herannahende Ende derselben falsch war. Das Wachstum stellt sich in der That in folgender sprechender Tabelle dar:

	In Millionen Rubel		In Millionen Pud			
	Ertrag der Gesamtindustrie (mit Accise nicht belegte Branchen)	Gesamt- ertrag der Textil- industrie	Roheisen	Eisen	Stahl	Kohle
1871	ca. 44,4	18,1	1,4	0,9		12,6
1885	134,8	66,7	2,5	4,2	2,4	109,3
1886	137,8	81,4	2,8	4,6	3,1	120.0
1887	164,5	88,9	3,7	3,8	3,0	121,1
1888	162,3	89,9	4,8	3,2	3,1	147,3
1889	168,3	96,6	5,4	4,0	2,4	151,1
1890	174,2	88,4	7,4	4,1	3,4	150,8
1891	188,3	100,8	7,5	4,4	3,0	158,8
1892	228,3	113,4	9,0	3,7	4,0	176,0
1893	—	—	9,9	3,5	5,4	192,1
1894	—	—	10,7	3,8	6,2	202,4
1895	—	—	11,3	3,6	7,9	221,8 [1]

Wie aus der obigen Tabelle ersichtlich, betrug der Zu-
wachs in der siebenjährigen Periode 1885—1892: in der
Gesamtindustrie 69 %, in der Textilindustrie 70 % (speciell in
der Baumwollspinnerei und -weberei 40 %, in der Woll- und
Tuchindustrie 77 %, in allen übrigen Zweigen 101 %); im
Bergbau in der zehnjährigen Periode 1885—1895: für Roheisen 352 %, für Stahl 229 %, für Kohle 103 %; nur in der
Produktion von Eisen sehen wir einen Rückgang und zwar
um 14 %, wie auch überhaupt in Polen und im südrussischen
Rayon in der letzten Zeit eine starke Entwicklung der Stahl-
auf Kosten der Eisenproduktion sich wahrnehmen läfst.

Noch interessanter als das Wachstum innerhalb der letzten
Periode (1885—1895) ist der Vergleich dieses Jahrzehnts mit
der vorhergehenden Periode (1871—1885), welche als die Zeit
der gröfsten wirtschaftlichsn Prosperität Polens gilt. Der Zuwachs betrug in absoluten Zahlen:

(Siehe Tabelle Seite 59.)

Nicht nur beruht also angesichts der obigen Zahlen die
Vermutung von einem begonnenen Rückgang der polnischen
Industrie auf völliger Unkenntnis der Thatsachen, sondern es
zeigt sich umgekehrt, dafs die Industrie in der letzten sieben-
bezw. zehnjährigen Periode um ein Gröfseres angewachsen
ist, als in der vorhergehenden vierzehnjährigen Periode. Am

---

[1] J. G. Bloch, Die Fabrikindustrie etc., S. 14—15, 86—87, 102,
126—127 u. 150—151. Materialien zur Handels- und Industriestatistik für
die Jahre 1885—1887, S. X, — für das J. 1888, S. 126, — 1889, S. 158,
— 1890, S. 134, — 1891, S. 146, — 1892, S. 164 (die Bände für die folgenden Jahre sind im Buchhandel noch nicht erschienen), Geschichtlich-
statist. Rundschau, Bd. I, Tabellen VIII—IX, X—XI u. XIV—XV, Der
Bergbau Rufslands, S. 58—60. „Der Finanzbote", Nr. 52 vom 5. Januar
1896 und Nr. 8 vom 7. März 1897.

	In Millionen Rubel		In Millionen Pud		
	Mit Accise nicht belegte Branchen	Textil-industrie	Roheisen	Eisen und Stahl	Kohle
In der 14jährigen Periode 1871—1885	90,4	48,6	1,1	5,7	96,7
In der 7jährigen Periode 1885—1892	93,5	46,7	—	—	—
In der 10jährigen Periode 1885—1895	—	—	8,8	4,9	112,5

deutlichsten wird das Gesagte, wenn wir den Zuwachs in beiden Perioden pro Jahr berechnen. Der durchschnittliche jährliche Zuwachs war nämlich in der letzten Periode größer als in der vorhergehenden, und zwar: in der Gesamtindustrie um 107 %, in der Textilindustrie um 90 %[1], in der Produktion von Eisen und Stahl um 20 %, von Kohle um 63 %, endlich von Roheisen um 1020 %.

Andererseits haben wir am Ende des ersten Teils unserer Arbeit gleichfalls die neuesten Eroberungen der polnischen Industrie auf russischen und asiatischen Absatzgebieten bis in die 90er Jahre angeführt. Kein Zeichen am Leibe des polnischen Kapitalismus scheint also die Vermutung zu rechtfertigen, daß er an einem innerlichen Leiden dahinsieche, im Gegenteil wächst und blüht der vielbeweinte „so herrlich wie am ersten Tag". Allein da die Frage einmal erhoben worden ist und jahrelang die öffentliche Meinung in Polen erregte, und da sie andererseits auch an sich wichtig und interessant genug ist, so erscheint es angebracht, sich damit näher zu befassen und einmal durch eine gründliche Prüfung der Frage Aufschluß darüber zu bekommen, welches der Lage nach die ökonomische Politik der russischen Regierung im allgemeinen und speciell Polen gegenüber ist und sein kann.

Es ist für alle erwähnten und citierten Äußerungen über den antipolnischen Kurs bezeichnend, daß sie sich ausschließlich auf einzelne Maßnahmen und Verfügungen bald aus dem Gebiete der Zollpolitik, bald aus dem des Eisenbahntarifwesens stützen. Es liegt aber auf der Hand, daß man auf diesem Wege zu keinem wirklichen Verständnis der Regierungspolitik gelangen kann. Denn vor allem ist das, worauf man sich gegebenen Falles beruft, eine äußerst veränderliche Größe: ein Zoll, der heute eingesetzt, ein Eisenbahntarif, der heute eingeführt wurde, wird morgen aufgehoben. So geschah es

---

[1] Resp. um 26 %, wenn wir für diese Branche, da das Jahr 1885 speciell für die Textilindustrie infolge der Krise von 1884 ungünstig war, die Periode 1871—1886 (15 Jahre) mit derjenigen 1866—1892 (6 Jahre) vergleichen.

namentlich z. B. mit dem Differentialzoll auf Rohbaumwolle, welcher an der polnischen Grenze um 15 Kopeken in Gold mehr betrug, als an den übrigen Grenzen Rufslands. Als er im Jahre 1887 eingeführt wurde, erhob sich ein Jammergeschrei unter den polnischen Baumwollfabrikanten, und es hiefs, dafs der polnischen Industrie damit ein Todesstofs versetzt werde. Der Differentialzoll spielte auch die Hauptrolle als Beleg für die begonnene „Verfolgungsära", und bei jeder Gelegenheit berief man sich auf ihn. Nun ist aber diese Zolldifferenz im Jahre 1894 auf Grund des russisch-deutschen Handelsvertrags wieder aufgehoben worden und hat einem an allen russischen Grenzen einheitlichen Zoll für Baumwolle Platz gemacht. Dasselbe war der Fall mit dem Differentialzoll auf Kohle und Coaks an der westlichen Grenze, welcher vielfach als eine direkt gegen die polnische Eisenindustrie gerichtete Mafsregel hingestellt wurde (s. Schulze-Gävernitz, l. c. S. 347 und nach ihm das englische Blaubuch, S. 9). Der erwähnte Zoll wurde aber gleichfalls 1894 wieder auf die Hälfte herabgesetzt. Desgleichen werden Eisenbahntarife jedes Jahr, ja manchmal noch häufiger, partiell verändert. Somit bietet die Zoll- und Tarifpraxis a l l e i n noch gar keine festen Anhaltspunkte, um Einsicht in die ökonomische Politik Rufslands zu gewinnen.

Will man zu einem gründlichen Verständnis dieser Politik gelangen, so mufs man vorläufig von den einzelnen Mafsnahmen absehen, tiefer in die ökonomischen Verhältnisse Polens und Rufslands einerseits und in ihre politischen Interessen andererseits hineinblicken und aus denselben heraus die ökonomische Politik des letzteren abzuleiten suchen. Erst dann, nach der so gewonnenen Richtschnur wird es möglich sein, auch die einzelnen Mafsnahmen dieser Politik auf ihre wirkliche Bedeutung zurückzuführen.

Wie sind nun vor allem die ökonomischen Beziehungen zwischen Polen und Rufsland beschaffen? Wollte man unter dem unmittelbaren Eindruck des Lodz-Moskauer Unternehmerstreites urteilen, so wäre man geneigt anzunehmen, dafs die polnische und die russische Bourgeoisie zwei völlig getrennte Lager bilden, deren Interessen auf allen Punkten einander schnurstracks zuwiderlaufen und die sich wechselseitig mit allen Mitteln bekämpfen. Eine solche Meinung wäre indessen ganz und gar unzutreffend.

Was schon von vornherein eine so scharfe Trennung der Interessen ausschliefst, ist die weitgehende A r b e i t s t e i l u n g, welche zwischen den Industrien der beiden Länder stattfindet. Wie wir gesehen haben, ist Polen für Rufsland eine Bezugsquelle für Wollspinngarn, Maschinen, Kohle etc. etc., Rufsland versieht dagegen Polen mit roher Wolle, mit Roheisen, mit Coaks und mit Baumwolle.

Ein solches Verhältnis setzt schon voraus, dafs die Interessen mancher p o l n i s c h e r Fabrikanten mit den Interessen
r u s s i s c h e r Rohproduzenten und die Interessen mancher
russischer Fabrikanten mit denjenigen der polnischen Produzenten von Halbfabrikaten zusammenhängen. Dies wird
auch durch zahlreiche Thatsachen bestätigt. Die Produzenten
der südrussischen Wolle, die Plantatoren der mittelasiatischen
Baumwolle üben im eigenen Interesse einen Druck auf das
Eisenbahntarifwesen aus, damit der Transport ihrer Rohprodukte dem polnischen Fabrikanten möglichst billig zu stehen
komme. Die russischen Wollweber suchen gleichfalls den
Transport polnischer Garne nach Rufsland möglichst zu be-
fördern u. s. w. u. s. w.

Ferner ergiebt sich aus der Thatsache, dafs der Kampf
zwischen den Fabrikanten und den Produzenten von Rohmaterialien und Halbfabrikaten ebenso in Rufsland wie in Polen
hauptsächlich auf dem Gebiete der beiden Ländern g e m e i n -
s a m e n Z o l l p o l i t i k ausgefochten wird, dafs die kämpfenden
Parteien Polens mit denen Rufslands sich vielfach vereinigen,
um Hand in Hand mit dem nationalen Feinde und gegen die
eigenen Stammesbrüder vorzugehen. Solcher Beispiele bietet
die Geschichte der russisch-polnischen Industrie in Menge. Im
Jahre 1850 setzt z. B. die russische Regierung unter dem
Drucke der gemeinsamen Petitionen der polnischen und der
russischen Wollweber die Zollsätze auf Wollspinngarn herab.
Kaum war dies aber geschehen, als schon polnische und
russische Spinner in rührender Eintracht die Regierung be-
stürmten, um die Zollsätze auf Spinngarn wieder hinauf-
zuschrauben, was auch 1867 geschah[1]. Dieselbe Geschichte
wiederholt sich aus einem andern Anlafs in den achtziger
Jahren. Seit 1882 wird die Regierung von den Maschinen-
bauern um Erhöhung der Zölle auf ausländische Maschinen
angegangen. „Die Initiative in dieser Beziehung gehörte den
Fabrikanten in Riga, denen die andern in W a r s c h a u , Kiew,
Charkoff und Odessa in gröfstem Einvernehmen folgten"[2]. Als
aber die Regierung 1885 diesen Wünschen Folge geleistet und
die Zölle auf Maschinen erhöht hatte, erhob sich 1886 ein
Petitionssturm der Grundbesitzer, wiederum unterschiedslos aus
allen Gegenden des Reiches, gegen die Verteuerung der
landwirtschaftlichen Maschinen.

Schon diese beiden Beispiele gewähren uns ein ganz
anderes Bild der Verhältnisse innerhalb der polnischen und
der russischen Bourgeoisie, sowohl in ihren gemeinschaftlichen
wie entgegengesetzten Bestrebungen. Keine der beiden
nationalen Kapitalisten-Klassen erscheint innerlich als eine ge-
schlossene Phalanx, sondern im Gegenteil zerklüftet, durch

---

[1] K. Lodyschensky, l. c. S. 294.
[2] Gesuche der Freien Ökonomischen Gesellschaft etc., S. 21.

Interessenkämpfe zerrissen, durch Rivalitäten gespalten. Andererseits aber reichen ihre verschiedenen Gruppen, uneingedenk
des nationalen Zwistes, einander die Hand, um im edlen Wettkampf um den Profit den eigenen Landsleuten gelegentlich
einen Schlag auf den Beutel zu versetzen. Was somit auf
dem industriellen Schachbrett gegen einander auftritt, sind
nicht nationale, sondern kapitalistische Parteien, nicht Polen
und Russen, sondern Spinner und Weber, Maschinenbauer und
Grundbesitzer, und auf den über den Kämpfern wehenden
Fahnen sieht man statt dem einköpfigen und zweiköpfigen
Adler nur das internationale Emblem des Kapitalismus. Endlich
erscheint uns unerwarteter Weise auch die Regierung in der
eigentümlichen Rolle einer gütigen Mutter, welche alle profit-
machenden Landeskinder, wenn diese auch einander beständig
in den Haaren liegen, unterschiedslos an ihre breite Brust
hält und bald die einen, bald die anderen auf Rechnung der
Konsumenten zu besänftigen sucht. Die obigen Erscheinungen
kehren in der Geschichte der polnischen und der russischen Industrie unzählige Male wieder und sind für die hier behandelte
Frage von so entscheidender Bedeutung, dafs es sich wohl
lohnt, sie noch an einigen typischen Fällen zu exemplifizieren.
Es ist z. B. höchst belehrend zu beobachten, wie die beiden
Hauptgegner — die Unternehmer des Lodzer und des Moskauer
Rayons — die man für Vertreter der Interessen der ganzen
polnischen resp. russischen Bourgeoisie anzunehmen geneigt
wäre, bei jeder Gelegenheit den anderen Rayons des eigenen
Landes ein Bein zu stellen suchen. So versuchen die Lodzer
Baumwollfabrikanten in ihrer erwähnten Streitschrift, die Eifersucht der Moskauer Fabrikanten von sich ab und dem alt-
polnischen Wollindustrierayon Bialystock zuzuwenden. „Wenn
man von einer Konkurrenz sprechen kann, so ist für Moskau
viel gefährlicher Bialystock und sein Rayon“, reden sie ihrem
Widersacher ein[1]. Gleichzeitig denunzieren dieselben Lodzer
Unternehmer ihre leiblichen Brüder vom Sosnovitzer Rayon
allerunterthänigst der russischen Regierung, indem sie darauf
hinweisen, dafs im letzteren ein ganzes Drittel der Arbeiterschaft d e u t s c h e Unterthanen sind, während im Lodzer Rayon
— göttlob — nur 8%. Nicht weniger brüderliche Gefühle
tragen auch die Moskauer Kapitalisten zur Schau, wenn sie
auf die Geschäfte ihrer Genossen· in den anderen russischen
Industrierayons zu sprechen kommen. So hören wir sie wehklagen aus Anlafs eines vom Ministerium des Verkehrs aus-
gearbeiteten Planes der Regulierung der Wasserstrafsen in
Rufsland: „Ebenso die kleinen wie die vielmillionigen Ausgaben sind ausschliefslich für die westliche und südliche Zone
Rufslands bestimmt. Das ganze centrale Gebiet Rufslands ist

---

[1] A. S., Moskau und Lodz, S. 32.

fast gänzlich vergessen worden. Dieses Gebiet, dieses vernachlässigte Centrum Rußlands, essentiell russische Gouvernements, sind verhältnismäßig arm an Wasserstraßen" u. s. w. im gleichen weinerlichen Tone [1]. Hier ergießt sich die Eifersucht der Moskauer Kapitalisten mit Unparteilichkeit und wahrer Internationalität auf alle andern Industrierayons des Reiches ohne Unterschied, auf Polen wie auf die Wolgagegend, auf die Ostseeprovinzen wie auf den Dnjeper-Distrikt.

Ein wie dehnbarer Begriff die nationale Zusammengehörigkeit und das „Vaterland" andererseits für den polnischen Kapitalisten unter Umständen sein kann, zeigt der folgende Fall. Im Jahre 1887 wurde die große „Warschauer Stahlfabrik", um sich den Bezugsquellen des Roheisens und des Coaks zu nähern, nach dem Gouvernement Jekaterinoslaw in Südrußland verlegt. Zwei Jahre später richten schon ihre Eigentümer — polnische Kapitalisten — zusammen mit den Engländern, Belgiern, Russen u. a., die das südrussische Eisenrevier unter ihrer Botmäßigkeit haben, eine allerunterthänigste Petition an die Regierung, wo sie sich über die Vorteile der p o l n i s c h e n Eisenindustrie und die Konkurrenz ihrerseits beschweren und um erhöhte Eisenbahntarife für das polnische Eisen zum Schutze der „vaterländischen" d. h. diesmal der südrussischen Industrie ersuchen.

Ein klassisches Beispiel dieser Verhältnisse hat endlich in den letzten Jahren die Frage der Eisenbahntarife für Getreide geliefert. Im Jahre 1889 wurden bei der allgemeinen Regulierung des Tarifwesens im Reiche auch für Getreide neue stark differentiierte Tarife eingeführt, um die Ausfuhr aus weit im Innern Rußlands gelegenen Gouvernements nach dem Auslande zu erleichtern. Nun hatte dies aber zur Folge, daß sich Massen von Getreide und Mehl aus den inneren Gegenden, besonders aus dem Wolgadistrikt, in die an der Grenze liegenden richteten und ebenso in den südlichen am Schwarzen Meere wie in den Ostseeprovinzen, wie endlich in Polen ein rapides Sinken der Getreidepreise nach sich zogen. Die in ihren besten Gefühlen verletzten Grundbesitzer aller erwähnten Reichsteile erhoben ein Zetergeschrei, am meisten aber die polnischen, welche im Anfang versuchten, bei dieser Gelegenheit auch im Namen des ganzen vom billigen Brot bedrückten Polens aufzutreten. Kaum aber sollte ihre nationale Verteidigung von Erfolg gekrönt und die verwünschten Tarife anfangs 1894 teilweise abgeschafft werden, als schon eine Gruppe polnischer Unternehmer und Kaufleute das Eisenbahndepartement in St. Petersburg t e l e g r a p h i s c h beschwor, die früheren Tarife beizubehalten, um, wie sie sagten, dem Volke das

---

[1] „Nowoje Wremja" übersetzt im „Kraj", Nr. 51, 1894. Der angeführte Artikel trägt die charakteristische Überschrift: „Wie das centrale Rußland vernachlässigt wird!"

Brot nicht zu verteuern[1]. Das Bild verschob sich also augen-
blicklich und aus einem Kampfe zweier nationaler Parteien
gestaltete sich die Getreidetariffrage in Polen zu einem Streit
der Agrarier mit den Industriellen. Dabei gingen die letzteren
gemeinsam mit den russischen Grundbesitzern der centralen
Gouvernements vor, die polnischen Grundbesitzer zogen dagegen mit den russischen Agrariern aller Grenzrayons gemeinsam ins Feld[2].

Die buntscheckige Gruppierung der Interessen trat besonders zu Tage bei den Beratungen über die Getreidetarife
in St. Petersburg im Oktober 1896. Auf der einen Seite
standen die Vertreter des Wolgarayons, dessen Sache, wie wir
gesehen haben, zugleich diejenige der polnischen Industriellen
war, auf der anderen die Agrarier von Liefland, Witebsk,
Odessa, die polnischen Grundbesitzer und, was am inter-
essantesten, auch die Grundbesitzer des Moskauer Rayons.
Im gröfsten Einvernehmen traten hier Polen und Moskauer
auf, und die polnischen Grundbesitzer und Müller erklärten
sich vollkommen einverstanden mit dem Programm des Fürsten
Schtscherbatow, des Vorsitzenden der Moskauer Landwirtschaftlichen Gesellschaft[3]. Um andererseits den Interessengegensatz der Industrie mit der Landwirtschaft in Polen selbst
gleichsam zu unterstreichen, hielt u. a. der Vorsitzende Maximow
den polnischen Vertretern entgegen: wenn Polen seine Fabrikerzeugnisse im Innern Rufslands ungehindert absetzen dürfe,
so sei es sehr inkonsequent, den landwirtschaftlichen Produkten aus dem Innern Rufslands den Zutritt nach Polen ver-
wehren zu wollen. [4]

Nach den obigen Beispielen, die wir nicht häufen wollen,
dürfte es als bewiesen erscheinen, dafs die Interessen der polnischen und der russischen Unternehmergruppen durchaus nicht

---

[1] „Kurjer Warszawski" vom 5. November 1894.

[2] „Die Aufhebung der starken Differenzirung der Tarife dürfte
keinen Schwierigkeiten vom Standpunkte der angeblichen (!) Interessen
der unteren Volksklassen Polens begegnen" ... „Die Verarmung der länd-
lichen Bevölkerung Polens (infolge der differ. Getreidetarife), welche
auch eine Verschlechterung der materiellen Lage der Fabrikindustrie
nach sich zieht, kommt nur grofsindustriellen Unternehmungen zu
gute, welche infolge verhältnismäfsig niedriger Getreidepreise und
dementsprechend niedriger Arbeitslöhne allein aus dem allgemeinen Un-
heil den Nutzen ziehen". „Auf Grund alles oben Angeführten ist es
zweifellos, dafs es im Interesse der Grundbesitzer der beiden an
den inneren Absatzmärkten nahegelegenen Rayons: des polnischen
und des nördlichen Schwarzerderayons, ebenso wie der
Grundbesitzer aller an den Häfen gelegenen Rayons als er-
wünscht erscheint, dafs die Getreidetarife folgendermafsen reorganisiert
werden etc.", (Memorandum des Warschauer Börsenkomitees über die
Eisenbahntarife für Getreide, S. 31, 32 u. 37.

[3] „St. Petersburger Nachrichten", 1896, Nr. 242 u. 243, „Gazeta
Handlowa" vom 21. September 1896.

[4] „Gazeta Handlowa" vom 8. Oktober 1896.

in allen Punkten einander widersprechen, daſs sie vielmehr beständig ineinandergreifen. Aber auch als Ganzes ist die polnische Industrie durch Interessensolidarität mit manchen wichtigen Gruppen der russischen Bourgeoisie verbunden, so vor allem mit den zwei äuſserst wichtigen Faktoren des ökonomischen Lebens: den Verkehrs- und den Kredit- und Handelsanstalten. Es liegt auf der Hand, daſs die Entwicklung der polnischen Industrie und, was damit zusammenhängt, des polnischen Warenabsatzes in Ruſsland in direktem Interesse der russischen Kredit-, Kommissions- und Eisenbahngesellschaften liegt. Um wiederum aus der Fülle der einschlägigen Beispiele nur zwei herauszugreifen, wendet sich im Herbst 1894 die Verwaltung der russischen Eisenbahnlinie Rjasan-Ural an das Warschauer Unternehmertum mit der Offerte, auf allen ihren Stationen unentgeltlich Plätze hergeben zu wollen, damit die polnischen Fabrikanten dort permanente Warenausstellungen zur Förderung des polnischen Absatzes in den Wolgagegenden errichten[1]. Während also die Moskauer Fabrikanten ihren polnischen Konkurrenten jeden Absatzmarkt in Ruſsland streitig machen wollen, fordern die russischen Eisenbahngesellschaften die polnische Konkurrenz selbst auf, mit ihren Waren möglichst weit ins Innere Ruſslands vorzudringen.

Ein anderer charakteristischer Fall spielte sich jüngst aus Anlaſs des neuen Zolltarifs für Baumwolle ab. Solange die erwähnte Zolldifferenz an der westlichen Grenze aufrechterhalten wurde, bezogen die Lodzer Fabrikanten ihre Baumwolle, um den unbequemen Zoll zu umgehen, über Libau und Odessa, d. h. vermittelst russischer Eisenbahnen. Als nun die Zolldifferenz 1894 aufgehoben wurde, kehrten die Baumwolltransporte auf die alten Landwege: Bremen-Alexandrowo und Triest-Graniza, also auf deutsche und österreichische Eisenbahnen zurück. Jetzt benutzten die letzteren diese Gelegenheit, um sehr niedrige Tarife für Baumwolle einzusetzen und so auf Kosten der Linie Odessa-Lodz die Transporte für sich zu monopolisieren. Der Verlust der Transporte traf aber die russischen Eisenbahnen erheblich, und so hat sich jüngst das St. Petersburger Eisenbahndepartement an die Lodzer Fabrikanten mit der Anfrage gewendet, um wie viel die Tarife auf den russischen Linien herabzusetzen seien, damit die Baumwolltransporte wieder über Odessa gehen. Die Angefragten diktirten eine Tarifherabsetzung von 30 %[2]. Desgleichen leisten die russischen Banken in eigenem Interesse dem polnischen Warenabsatz in Ruſsland nach Möglichkeit Vorschub[3]. Wiederum kreuzen sich die nationalen Grenzen

---

[1] „Kurjer Warszawski" vom 7. November 1894.
[2] „Gazeta Handlowa" vom 30. November 1896.
[3] „This development of the economic and commercial forces of

mit den kapitalistischen Interessenrichtungen, und was das nationale Banner entzweien sollte, bindet das kapitalistische Interesse aufs innigste zusammen.

Endlich giebt es auch ein Gebiet, wo zwischen der gesamten polnischen und der gesamten russischen Bourgeoisie die rührendste Interessenharmonie herrscht und wo sie ein Herz und eine Seele sind: das ist die eifersüchtige Bewachung der auf dem inneren Markte zu erzielenden Profite vor fremder Konkurrenz. Man kann in einem Teile der westeuropäischen Presse der Ansicht begegnen, als sei das polnische Unternehmertum freihändlerischer als das russische. Nichts irriger als diese Meinung. In der tiefen Überzeugung, dafs der russische und polnische Arbeiter eigens dazu geschaffen seien, den Mehrwert für sie zu produzieren, der polnische und der russische Konsument zur Realisierung des Mehrwerts zu dienen, die russische Regierung aber dazu, jeden Eingriff ausländischer Konkurrenten in jene heiligen Rechte abzuwehren, in dieser Überzeugung sind die polnischen Unternehmer ebenso fest und unerschüttert wie die russischen. Gilt es zur Verteidigung dieser „Grundrechte" der kapitalistischen Verfassung der Regierung gegenüber den Mann zu stellen, — dann rücken die Lodzer und die Moskauer Fabrikanten, noch mit Beulen, die sie soeben einander geschlagen haben, aber Schulter an Schulter ins Feld. 1888, ein Jahr nachdem die beiden Widersacher — wie erwähnt — der Regierung je eine Petition eingereicht hatten, worin sie einander in den Fragen der innern Konkurrenz aufs schärfste bekämpften, stellten die Moskauer Unternehmer eine Reihe „unterthänigster" Gesuche in Bezug auf die Zollpolitik, so um Erhöhung der Eingangszölle für Produkte der Textilindustrie, um Rückvergütung der für Rohstoffe bezahlten Zölle beim Export von Fabrikaten nach dem Auslande etc. — alles Forderungen, welche auch von den Lodzer Fabrikanten sowohl jetzt wie früher schon mehrmals gestellt wurden [1]. Mit Recht schrieb denn auch das Organ der polnischen Grofsindustriellen bei der Besprechung dieser Aktion der Moskauer Unternehmer, man pflege viel von dem Interessengegensatz der beiden Industrierayons zu sprechen, nun zeigt die obige

---

Poland is attributed by the same authority (Regierungsorgan „Warszawsky Dniewnik") to the establishment of branch agencies by the principal Russian banks, among others the „Azov-Don", which disposes of considerable capital, and has representatives at the all Black-Sea ports, besides being in direct commercial relations with Bokhara and Teheran. It is, says the „Warsaw Journal", through this and other Russian banks, which have established branch houses at Warsaw and Lodz, that the manufacturers of Poland have opened up new channels of trade and strengthened the already existing ones". (Diplom. and Cons. Reports, Nr. 1183, S. 4.)

[1] „Kraj" vom August 1888.

Petition, dafs es auch eine Interessengemeinschaft und zwar in den wichtigsten Fragen zwischen denselben giebt[1].

Die gleiche Harmonie tritt zu Tage, wenn es gilt das Monopol auf Profite gegen den „Deutschen" zu verteidigen. Die Moskauer Fabrikanten erblickten — wie gezeigt — in der starken Vertretung des deutschen Elements in der polnischen Bourgeoisie einen erwünschten Vorwand, um ihren Kattun- und Barchentinteressen im Kampfe gegen Lodz eine anständige patriotische Physiognomie zu verleihen, und indem sie die Regierung zu einem Kreuzzug gegen das Deutschtum an der Weichsel anriefen, glaubten sie damit die polnische Bourgeoisie direkt ins Herz zu treffen. Als jedoch die Regierung ihren bekannten Ukas im Jahre 1887 erliefs[2] und als schon von verschiedenen Seiten auch aus diesem Anlafs von einer Verfolgungsära gegen die polnische Industrie gesprochen wurde, da stellte es sich heraus, dafs die getroffene polnische Bourgeoisie aus ganz unerwarteten Gründen ihre Unzufriedenheit zum Ausdruck brachte: ihr waren nämlich die antideutschen Mafsnahmen der russischen Regierung viel zu wenig energisch und radikal. Denn so liefs sie sich vernehmen: „Die Erlasse der Regierung vor zwei Jahren betr. die Sprachexamen für Ausländer haben einen vorteilhaften Wandel herbeigeführt, indem sie den einheimischen Kräften ein Arbeitsfeld eröffneten . . . . . . Eine gewisse Besserung in diesen Verhältnissen melden schon die Korrespondenten aus Lodz und die dortigen Einwohner, obwohl es noch weit davon ist, wie es sein könnte und sollte[3]".

Wir haben die mannigfaltigen Interessenzusammenhänge zwischen der polnischen und der russischen Bourgeoisie kurz Revue passieren lassen. Ein daraus sich ergebendes Bild ist durchaus von demjenigen, welches man unter dem unmittelbaren Eindruck der Kriegstrommel von Lodz und Moskau gewinnen konnte, verschieden. Die polnische und die russische Bourgeoisie sind in zahlreichen und wichtigsten Fragen durch Interessensolidarität mit einander verbunden, ebenso in partiellen Gruppen wie im ganzen. Was diese Interessengemeinschaft geschaffen hat, sind erstens die Arbeitsteilung in der Produktion, welche die beiden Industrien vielfach zu einem einzigen Produktionsmechanismus vereinigt; zweitens,

---

[1] l. c.

[2] Der Ukas vom 14. März 1887 verbot den Ausländern Grundeigentum in der ganzen westlichen Zone Rufslands zu erwerben (s. Note S. 36). 1892 wurde die Kenntnis der polnischen oder russischen Sprache für alle Fabrikbeamten zur Bedingung ihrer Anstellung gemacht.

[3] „Ateneum" Novemberheft 1894, S. 378. Die antideutsche Richtung ist, wohlgemerkt, nicht etwa nur einer bestimmten Schicht der polnischen Bourgeoisie eigen. Vgl. die Wochenschrift „Rola", das Organ des „christlichen Grundbesitzes", mit ihrer stehenden Rubrik „Juden, Deutsche und wir", die kleinbürgerliche „Gazeta Polska", die „Niwa" etc.

was noch wichtiger ist, die gemeinsamen Zollgrenzen, welche
die Solidarität nach aufsen erzeugen und das ganze polnisch-
russische Unternehmertum zu einer — vom Standpunkte des
Absatzmarktes — „nationalen" Kapitalistenklasse verschmelzen.
Endlich das gemeinsame Absatzgebiet, welches die wichtige
gegenseitige Abhängigkeit der polnischen Produktion einerseits
und des russischen Transports und Handels andererseits erzeugt. Und, wohlgemerkt, schreitet die aufgezeichnete Ver-
wachsung der russischen und polnischen ökonomischen Interessen mit jedem Tage vor. Auch dies ist zum Teil eine direkte
Folge der allgemeinen Richtung der heutigen russischen Zollpolitik, welche darauf hinausläuft, nicht nur der Einfuhr fremder
Fabrikate, sondern auch fremder Rohprodukte nach Rufsland
den Weg zu versperren und eine eigene Rohproduktion zu
schaffen, zu welchem Zwecke sie vor den gröfsten Opfern aus
der Tasche der russischen und polnischen Konsumenten und
Steuerzahler nicht zurückschreckt.

Durch Prohibitivzölle gezwungen, geht die polnische
Industrie stufenweise vom Gebrauch des deutschen Coaks und
Eisenerzes zum Donezker, von der amerikanischen und indi-
schen Baumwolle zur mittelasiatischen, von der sächsischen
und schlesischen Wolle zur südrussischen über [1]. In demselben
Mafse wächst die gegenseitige Abhängigkeit der polnischen
und russischen Produktion im ganzen, und die Interessen
immer neuer Kreise der russischen Bourgeoisie werden an das
Wohl und Wehe der polnischen Industrie gebunden.

---

[1] Die stets wachsende Nachfrage in Polen nach südrussischem
Eisenerz meldet u. A. „Der Finanzbote", Nr. 52 vom 5. Januar 1896.
Im Verhältnis zur gesamten verarbeiteten Rohbaumwolle belief sich
bereits 1893 der Verbrauch der mittelasiatischen in den Hauptcentren
der polnischen Textilindustrie: in Pabianiz und Zgierz auf 30 %, in Lodz
auf 40 % und in Bendin auf 45 %. („Die Wochenrevue", Nr. 49, 1894.) —
Die Regierung begünstigt ihrerseits diesen Übergang der polnischen
Industrie zum Gebrauch russischer Rohstoffe durch eine entsprechende
Eisenbahnpolitik. 1895 hat sie, um den polnischen Eisenwerken den
Bezug des südrussischen Coaks zu verbilligen, einen speciellen niedrigen
Tarif vom Revier Donez nach Polen festgesetzt. („Der Finanzbote",
Nr. 27 vom 14. Juli 1895.) Desgleichen wurde den polnischen Hütten-
besitzern eine weitere Ermäfsigung der Transportkosten für das süd-
russische Eisenerz 1897 in Aussicht gestellt. („Gazeta Handlowa" vom
11. Dezember 1896). 1893 ist den polnischen Wollspinnern eine Re-
duktion der Frachtspesen für die südrussische Wolle um 20 % gewährt
worden. (Cons. Reports, Nr. 1183, S. 4.) Über die südrussische Schaf-
zucht speciell für polnische Spinnereien s. Cons. Reports, Nr. 863, S. 2. —
Andererseits fördert die Regierung auch die Verbreitung der polnischen
Kohle in Rufsland. So wurden z. B. 1895, bei der allgemeinen Revision
der Eisenbahntarife für Kohle, für den Transport der polnischen Kohle
in Rufsland niedrigere Sätze beibehalten, als für die südrussische und
zwar mit der Motivierung, dafs dadurch „ein Ausgleich der Absatzchancen
für die polnische Kohle herbeigeführt werden soll, die im Durchschnitt
in Bezug auf Wärmeerzeugung der Kohle vom Donez nachsteht". („Der
Finanzbote" Nr. 27 vom 14. Juli 1895.)

Freilich erwächst aus denselben Verhältnissen zwischen der polnischen und der russischen Bourgeoisie ebenso viel Feindseligkeit, Konkurrenz und Rivalität. Gerade die industrielle Arbeitsteilung, die gemeinsame Zollgrenze und das gemeinsame Absatzgebiet machen auf der andern Seite die verschiedensten Gruppen der Bourgeoisie zu Gegnern, und jeder partiellen Interessensolidarität entspricht ein Interessengegensatz. Wie uns die Beispiele gezeigt haben, tritt der Grundbesitz gegen die Industrie, die Fabrikation gegen die Halbfabrikation, die letztere gegen die Rohproduktion, die Produktion gegen den Transport und innerhalb jeder dieser Gruppen ein Rayon gegen den andern, und jeder einzelne Kapitalist gegen alle andern auf. Was wir aber hier erblicken, ist ein typisches Bild der kapitalistischen Wirtschaft, wie sie in allen Ländern ihre Blüten treibt. Es ist das Grundgesetz dieser Produktionsform: bellum omnium contra omnes, welches hier zum Ausdruck kommt und welches mit den nationalen Gegensätzen und Grenzen nichts zu thun hat, ja im Gegenteil, diese Gegensätze und Grenzen innerhalb der Kapitalistenklasse unaufhörlich verwischt. Allerdings, fällt der ökonomische Interessengegensatz im Rahmen eines und desselben Staates mit nationalen Grenzen zusammen, so schafft er seinerseits u. U. eine breite Basis für die nationalen Bestrebungen. Dies kann jedoch nur insofern der Fall sein, als die feindlichen Nationalitäten zugleich verschiedene ihrer Natur nach antagonistische Produktionsformen vertreten, wenn also z. B. das eine Land den Kleinbetrieb, das andere die Grofsindustrie, das eine die Natural-, das andere die Geldwirtschaft repräsentiert. Gegebenenfalls liegen jedoch die Verhältnisse ganz anders, da Polen und Rufsland eine gemeinsame Entwicklung von der Natural- zur Geldwirtschaft und vom Klein- zum Grofsbetrieb durchgemacht haben. Ihre Gegnerschaft, wo und wann sie zu Tage tritt, entspringt nicht der Verschiedenheit, sondern gerade der Homogenität der ökonomischen Struktur und weist die Merkmale aller kapitalistischen Konkurrenzkämpfe innerhalb eines und desselben wirtschaftlichen Mechanismus auf.

Der Konkurrenzstreit Lodz-Moskau ist nichts als ein Fragment dieses allgemeinen Krieges. Aufgebauscht äufserlich zum nationalen Zweikampf Polens mit Rufsland auf ökonomischem Felde, reduziert sich dieser Streit im Grunde genommen auf eine Auseinandersetzung der Lodzer Barchent-Barone mit den Moskauer Kattunkönigen. Nach dem internationalen Brauch suchten die beiden kapitalistischen Parteien erstens ihr trivial-baumwollenes Streitobjekt mit einem ideologischen nationalen Schleier zu umhüllen, und zweitens, so laut die Trommel zu schlagen, als wenn es sich schon um den Hals handelte.

Nichtsdestoweniger vertritt in Wirklichkeit weder die eine

noch die andere Partei die Interessen der gesamten polnischen
und russischen Bourgeoisie, — im Gegenteil, beide haben
zahlreiche Gegner unter den eigenen Landsleuten, — noch ist
auch der um die inneren Märkte entbrannte Konkurrenzkampf
mafsgebend und charakteristisch für die Verhältnisse der
Streitenden. Ihrer Rivalität auf dem inneren Absatzmarkte
steht die Interessensolidarität in einer ganzen Reihe anderer
kapitalistischer Lebensfragen gegenüber.

In der ganzen kapitalistischen Entwicklung Polens und
Rufslands, welche auf eine immer stärkere Verknüpfung der
Produktion und des Austausches beider Länder ausgeht, spielt
der Lodz-Moskauer Baumwollstreit — wenn man sich durch
das Gebahren der streitenden Unternehmer nicht irre führen
und die weitere Perspektive des ganzen kapitalistischen Schach-
bretts nicht aus dem Auge läfst — eine ganz verschwindend
kleine Rolle [1].

Jetzt erst, aus dieser materiellen Interessengrundlage
heraus, läfst sich die ökonomische Politik der russischen Regierung beurteilen und erklären. Die Hauptsorge Rufslands
ist seit den sechziger Jahren, wie zur Genüge bekannt, die
Aufzucht des Kapitalismus. Zu diesem Zweck wird die
Prohibitivzollpolitik befolgt, die Treibhausatmosphäre der
Monopolpreise und -profite im Reiche geschaffen, die kostspie-
ligsten Verkehrsmittel errichtet, Unterstützungen und Prämien
an „notleidende" Kapitalisten gewährt etc. etc. Von diesem
Standpunkte aus erscheint die Entwicklung des Kapitalismus
in Polen, ebenso wie in den andern Teilen des Reiches, als
partielle Verwirklichung des eigenen Programms der Regierung,
der Rückgang desselben dagegen als eine Durchkreuzung dieses
Programms. Wichtiger aber noch als die eigenen ökonomischen
Absichten der russischen Regierung sind hier die objektiven
Tendenzen der russischen Ökonomik. Die von der Regierung
grofsgezogene Bourgeoisie spielt bereits in Rufsland eine bedeutende Rolle. Mit ihren Interessen mufs jetzt die Regierung
in ernster Weise rechnen, will sie auch ihre eigenen durch-
setzen. Die Interessen der russischen Bourgeoisie sind aber
— wie gezeigt — in mannigfaltigster Weise mit denen der
polnischen verwoben. Man könnte auf keinem Punkt der
polnischen Industrie ernst und auf die Dauer auf den Leib

---

[1] Wie sehr sie übrigens gerade infolge des gemeinsamen Absatzmarktes und der Arbeitsteilung einander ergänzen und mit einander
verbunden sind, beweist die Thatsache, dafs bereits 1897 das Projekt
eines Kartells zwischen Lodz und Moskau auftauchte, wonach die von
jeder der Parteien anzufertigenden Warensorten festgesetzt und so der
Absatz gemeinsam geregelt werden sollte. („Handels- und Industriezeitung" vom 31. Juli 1897.) Wenn der Plan auch einstweilen ge-
scheitert ist, so bleibt dennoch die Idee selbst für die Verhältnisse sehr
bezeichnend.

rücken, ohne gleichzeitig Lebensinteressen dieser oder jener Gruppe der russischen Bourgeoisie empfindlich zu verletzen.

Die Annahme, Rufsland gehe oder könne darauf ausgehen, den polnischen Kapitalismus zu vernichten, setzt voraus, dafs die russische ökonomische Politik sich ausschliefslich zum Werkzeug der Interessen der Handvoll Moskauer Kattunfabrikanten machen könnte, was auf einer Verkennung ebenso der Natur der Bourgeoisie wie derjenigen einer kapitalistischen Regierung beruht. Bei der gegebenen Zersplitterung und Gegensätzlichkeit der Interessen innerhalb der Kapitalistenklasse kann die Regierung die Interessen der letzteren nur im ganzen vertreten; sie kann sich nicht dauernd auf den Standpunkt irgend einer Gruppe derselben stellen, ohne durch die Opposition der anderen Gruppen von diesem Standpunkt wieder verdrängt zu werden. Auch die russische Regierung — obwohl absolut — macht keine Ausnahme von dieser Regel. Denn auch in Rufsland ist die Bourgeoisie nur in dem Mafse ein politisches Werkzeug der Regierung, als diese das Werkzeug der ökonomischen Interessen der Bourgeoisie ist. Wollte die absolute russische Regierung sich zum ausschliefslichen Anwalt der Moskauer Baumwollinteressen machen und zu diesem Behufe die polnischen und damit die russischen kapitalistischen Interessen im ganzen mit Füfsen treten, so würde sie nicht umhin können, eine heftige bürgerliche Opposition in Rufsland selbst gegen sich hervorzurufen. Das Schlufsresultat einer solchen Politik wäre höchstens die Bestrebung der russischen und der polnischen Bourgeoisie nach einer Regierungsform, die ihre Interessen im ganzen besser zu wahren wüfste, als die heutige. Damit ist die Frage über die Zukunft des polnischen Kapitalismus von dieser Seite entschieden: wollte ihm auch die russische Regierung Abbruch thun, ihre Bestrebungen würden an der geharnischten Opposition der Bourgeoisie Rufslands und Polens in die Brüche gehen.

Von diesem Standpunkt aus können wir auch die ganze Frage von den angeblichen Verfolgungen der polnischen Industrie auf ihren wahren Wert reduzieren. Alle Mafsregeln, die man gewöhnlich als Belege für eine antipolnische ökonomische Politik Rufslands anführt, haben einen gemeinsamen Charakterzug: sie sind nämlich alle darauf gerichtet, die polnische Industrie vom Gebrauch ausländischer Rohstoffe ab- und zum Bezug russischer anzuhalten. Dies war der Fall bei dem Differentialzoll auf Baumwolle, auf Kohle, auf Roheisen. Nicht zu Gunsten der mit Polen konkurrierenden russischen Industrien und nicht behufs Vernichtung der polnischen, sondern zu Gunsten der an die letztere gebundenen russischen Rohproduktion und behufs Erzielung einer bestimmten Gestaltung der polnischen Industrie waren alle

genannten Mafsregeln erlassen. Gerade dieselben russischen
Interessen, die die erwähnten Mafsnahmen hervorgerufen haben,
würden für eine auf die Untergrabung der polnischen Industrie
gerichtete Regierungspolitik das gröfste Hindernis bilden.

Aus derselben Notwendigkeit aber, allen so widerspruchs-
vollen Interessen der verschiedenen Gruppen der Bourgeoisie
Genüge zu thun, ergiebt sich für die Regierung die weitere
Notwendigkeit, sich in ihrer ökonomischen Politik in einem
unaufhörlichen Zickzack-Kurs zu bewegen. Alle Gesetze der
kapitalistischen Produktionsweise sind blofse „Gravitations-
gesetze" d. h. solche, die sich nicht in gerader Linie auf dem
kürzesten Wege, sondern im Gegenteil durch beständige Ab-
weichungen nach den entgegengesetzten Richtungen durch-
setzen. Dem entsprechend kann sich auch die allgemeine den
Kapitalismus fördernde ökonomische Politik der Regierung
nur in der Weise verwirklichen, dafs sie bald diese, bald jene
Kapitalistengruppe mehr begünstigt und deshalb auch bald
diese, bald jene temporär zurücksetzt. Die oben angeführten
Beispiele aus der russischen Zoll- und Eisenbahn-Tarifpolitik
zeigten krafs jenen Zickzack-Kurs der russischen Regierung,
die einmal die Fabrikation auf Kosten der Halbfabrikation,
das andere Mal umgekehrt die letztere auf Konto der ersteren
beschützt, einmal die Kohlengruben gegen die Eisenwerke, das
andere Mal die Eisenwerke auf Kosten der „Kohleninteressen"
protegiert, bald die Grundeigentümer, bald die Industriellen
mehr begünstigt. Dieser Charakter der ökonomischen Politik
der Regierung bringt es mit sich, dafs sie temporär und in
verschiedenen partiellen Fragen auch die eine oder die andere
p o l n i s c h e Kapitalistengruppe empfindlich treffen kann; dies
ist nicht nur nicht ausgeschlossen, sondern folgt geradezu mit
Notwendigkeit aus der Lage der Dinge. Von dieser Art war
z. B. der Differentialeisenbahntarif für Getreide u. a. Werden
aber alle diese temporären partiellen Erscheinungen aus ihrem
komplizierten wirtschaftlichen Zusammenhang gerissen und zu
einem System der antipolnischen ökonomischen Verschwörung
Rufslands aufgebauscht, so liegt darin ein völliger Mangel an
Perspektive und an Überblick über das Ganze dieser Politik,
ebenso wie in der Aufbauschung der Plänklergefechte zwischen
dem Lodzer Barchent und dem Moskauer Kattun zu einer
tiefen Interessenkluft zwischen dem polnischen und russischen
Kapitalismus ein Mangel an Überblick über das Ganze der
kapitalistischen Interessengemeinschaft liegt. Es unterliegt
freilich keinem Zweifel, dafs der Moskauer Rayon sich bis
jetzt vor allen anderen einer besonders liebevollen Behandlung
seitens der Regierung erfreute, was sich in allerlei Liebesgaben
äufserte. Diese Politik ist jedoch blofs der konkrete Ausdruck
der Förderung des russischen Kapitalismus im allgemeinen,
da der Centralrayon, wo beinahe ein Drittel der gesamten

Reichsindustrie und ca. zwei Drittel der Textilindustrie (dem Werte nach) konzentriert sind, seinen Hauptstamm bildet. Die Kosten der erwähnten Bevorzugung der Moskoviter haben aber nicht sowohl die anderen Industrierayons des Reiches zu tragen, denen sie in den meisten Fällen, wie z. B. in der Zollpolitik, im Gegenteil gleichfalls zu gute kommt, sondern vielmehr die anderen Zweige der Volkswirtschaft, vor allem die Agrikultur, wie denn auch die Feindschaft zwischen den russischen Agrariern und den Moskauer Industriellen eine viel dauerndere und erbittertere ist, als zwischen Moskau und Lodz. — Ein interessantes Schlaglicht auf die angeblich „nationale" Politik der russischen Regierung wirft andererseits die bekannte That-sache, dafs am meisten gehätschelt und mit Begünstigungen auf Kosten der essentiell russischen Metallindustrie des Ural, wie der industriellen Interessen Moskaus förmlich überschüttet wird gerade das südliche Kohlen- und Eisenrevier, dessen Ausbeutung sich zum gröfsten Teil in den Händen Fremder — belgischer und englischer Kapitalisten befindet.

Es ist ebenso oberflächlich wie irrtümlich, der russischen Regierung eine im ethnographischen Sinne nationale, „grofs-russische" ökonomische Politik zuzuschreiben. Eine solche existiert nur in der Einbildung der durch den äufseren Schein irregeführten Berichterstatter. In der That führt die Zaren-regierung, ebensogut wie jede andere heutzutage, nicht eine nationale, sondern eine Klassenpolitik, sie unterscheidet nicht polnische und russische Unterthanen, sondern nur solche, die „gründen" oder „besitzen", und solche, die arbeiten [1].

---

[1] Da wir uns die Aufgabe gestellt haben, die Frage eingehend zu prüfen, so wollen wir noch die wenigen einschlägigen Äufserungen beleuchten, die wir nicht Gelegenheit hatten, im Text zu behandeln.

1. Hierher gehören vor allem die Auslassungen des Prof. Schulze-Gävernitz über die russische Zollpolitik: „Auch Kohlenzölle, welche den westlichen Grenzprovinzen das Brennmaterial verteuern, liegen im Interesse Moskaus". („Preufs. Jahrb." l. c. S. 344.) Prof. Schulze-Gävernitz ist so mifstrauisch gegen alle handelspolitischen Mafsnahmen Rufslands, dafs er hier zu einem gerade entgegengesetzten Schlufs gekommen ist, als er aller Evidenz nach hätte kommen sollen. Wenn die Kohlen-zölle den polnischen Fabriken das Brennmaterial verteuern, so kommen sie in gleichem Mafse den polnischen Kohlenwerken zu gute. Der Zoll ist also jedenfalls nicht gegen Polen schlechthin, sondern gegen eine Kapitalistengruppe und zu Gunsten einer anderen gerichtet. Wie aber die Kohlenzölle im Interesse Moskaus liegen können, ist jeden-falls unerfindlich. Als industrieller Rayon, welcher seine Kohle aus anderen Rayons beziehen mufs, — denn vorläufig deckt die Naphtha, wie gezeigt, nur einen relativ kleinen Theil seines Bedarfs, kann Moskau offenbar von der Verteuerung der Kohle kaum Vorteil ziehen. Die Folge der sog. „Kohlen-Krise" war auch, wie wir gesehen, die, dafs der centrale Rayon sich gezwungen sah, auch aus Polen Brennmaterial zu beziehen, natürlich zu entsprechend höheren Preisen, und dafs die polnischen Kohlenwerke ihr Produkt massenhaft im Innern Rufslands abzusetzen begannen.

2. Herr S. G. in seiner „Industriellen Politik etc.", „Neue Zeit"

4. Die politischen Interessen Rufslands in Polen.

Trotzdem die im Vorhergehenden behandelten ökonomischen Verhältnisse zwischen Rufsland und Polen unzweifelhaft

l. c. S. 790 erzählt unter anderem: „Die (russische) Regierung liefs nicht lange auf sich warten (mit Mafsregeln gegen die polnische Industrie). Sie erhöhte zuerst die Gewerbesteuer in den polnischen Provinzen etc." Diese Behauptung ist wiederum, gelinde gesprochen, unbegründet. Die Verteilung aller staatlichen Abgaben auf die verschiedenen Rayons im russischen Reiche war 1887:

Rayons	Anteil an der Gesamtsumme der Staatsabgaben	Verhältnis der Abgaben zu dem wirtschaftlichen Umschlag	Öffentliche Abgaben pro Kopf der Bevölkerung
Gouv. St. Petersburg und Moskau	13,16 %	4,26 %	26,75 Rb.
Südwestlicher	8,10 %	8,47 %	6,56 -
Kleinrufsland	6,49 %	6,25 %	5,78 -
Schwarzerde-R.	17,80 %	7,73 %	6,66 -
Centr. Industr.-R.	9,12 %	5,95 %	5,38 -
Baltischer	2,26 %	3,50 %	6,28 -
Nordwestlicher	6,08 %	7,84 %	4,59 -
Südlicher	8,43 %	4,39 %	
Östlicher	11,30 %	5,22 %	5,05 -
Nördlicher	3,20 %	6,51 %	5,51 -
Kaukasus	1,20 %		
Asiat. Rufsland	6,60 %		
Polen	6,05 %	6,01 %	5,64 -

(N. P. Jasnopolsky, Die geographische Verteilung der Staatseinnahmen, I, S. 131 u. 236.) Wie aus der Tabelle ersichtlich, ist in Rufsland die Verteilung der öffentlichen Lasten nach den verschiedenen Rayons höchst ungleichmäfsig, in manchen bedeutend niedriger, in anderen aber viel höher als in Polen, sodafs von einer speciellen Steuerpolitik Polen gegenüber kaum die Rede sein kann. Freilich ist der polnische Grundbesitz bedeutend schwerer belastet, als der russische, dies hängt aber mit ganz anderen Ursachen zusammen, u. a. mit den Freiheitskämpfen des polnischen Adels gegen die russische Regierung in der Vergangenheit und steht jedenfalls mit der Frage der heutigen Gewerbepolitik Rufslands Polen gegenüber in keinem Zusammenhang. Was aber speciell die Besteuerung der Industrie betrifft, und auf diese kommt es gegebenen Falls an, so war sie 1887, wie der Bericht der Kommission zur Untersuchung etc., I, S. 47 zeigt, bedeutend niedriger, als in den beiden russischen Hauptrayons.

Das Verhältnis der Steuern zum Produktionswerte war 1887:

in der	in Polen	im Gouv. Moskau	im Gouv. St. Petersburg
Baumwollindustrie	0,33 %	0,64 %	0,78 %
Leinenspinnerei	0,27 %		0,59 %
Wollindustrie	0,28 %	0,50 %	1,00 %
Metallindustrie	0,34 %		0,61 %

Der höhere Besteuerungsprozentsatz in Rufsland läfst sich freilich durch verschiedene specielle Umstände, u. a. durch den Besitz von Wäldern, Torfmooren, Arbeiterkasernen, Fabrikschenken etc. seitens der russischen Unternehmungen erklären. — Mit dem stetigen Anschwellen des russischen Budgets wurde 1893 auch die Gewerbesteuer erhöht, dies aber im ganzen Reiche ausnahmslos und gleichmäfsig. Von speciellen Steuern, welche den Zweck hätten, die polnische Industrie in

das Hauptmoment in der Gestaltung der ökonomischen Politik
Rufslands Polen gegenüber bilden, so wäre es doch einseitig

---

ungünstigere Bedingungen als die russische zu stellen, haben wir in
all den Materialien, die uns zu Gebote standen, keine Spur gefunden.
3. Endlich berichtet noch derselbe Verfasser der „Industriellen
Politik etc.", l. c. S. 790: Die Regierung „führte die sog. „differentiellen Tarife' ein, welche darin bestehen, dafs die Waren, die
aus Rufsland nach Polen kommen, einen niedrigeren Eisenbahntarif-
satz zu bezahlen haben als diejenigen, welche aus Polen nach Rufsland transportiert werden. Durch die letzte Mafsregel wurde wieder
eine Zollgrenze zwischen Polen und Rufsland eingerichtet." Auch diese
Geschichte ist wieder nur eine Phantasieblüte des Verfassers. Derselbe
hat augenscheinlich von der Einführung der differentiellen Tarife in
Rufsland etwas gehört, aber keine Gelegenheit gehabt zu erfahren,
worin diese eigentlich bestehen. Das schreckliche Ding bedeutet aber
nichts anderes, als Tarife, welche für längere Strecken differentiell
niedriger berechnet werden, als für kürzere, und hat mit Polen speciell
nicht das mindeste zu thun.
Der eigentliche Thatbestand, dessen Unkenntnis der obigen Behauptung des Herrn S. G. offenbar zu Grunde liegt, ist folgender.
Solange die Tarifpolitik in Rufsland von den Eisenbahngesellschaften
auf eigene Faust getrieben wurde, bestanden auf den Linien von
der europäischen Grenze ins Innere des Landes specielle niedrige
Tarife für ausländische Waren. Bei der einheitlichen Regulierung
des Transportwesens 1890 erblickte die Regierung in diesen niedrigen
Grenztarifen vor allem eine direkte Durchbrechung der Schutzzoll-
mauern zu Gunsten des Auslandes, daneben auch eine „ungerecht-
fertigte Tarifbegünstigung der Industrie der Grenzrayons (Polen und
Ostseeprovinzen) im Verhältnis zu derjenigen des centralen Rayons"
(bei Bezug ausländischer Waren). (Die Land- und Forstwirtschaft
S. 478.) Die Frachtsätze im Verkehr mit dem Auslande wurden auch
mit denjenigen des inneren Verkehrs in Einklang gebracht. (l. c.) Die
erwähnte Reform erstreckte sich, wie man sieht, nicht speciell auf Polen,
sondern auf alle Grenzgebiete Rufslands, ebenso auf dasjenige am
Schwarzen, wie auch am Baltischen Meere, und verfolgte vor allem
allgemeine protektionistische Zwecke. Der innere gegenseitige Warenverkehr Polens mit Rufsland, von dessen Reform Herr S. G. erzählt,
kam hier überhaupt auch nicht entfernt in Frage, denn, worum es sich
handelte, war blofs der direkte Verkehr der Reichsteile mit dem Auslande.
Übrigens bedurfte es, um die „differentiellen Tarife", von denen
Herr S. G. in so sicherem Tone zu berichten weifs, als eine freie
Erfindung hinzustellen, nicht erst der Darlegung des ganzen wirklichen
Vorgangs, den wir nur zur näheren Informierung des Lesers dargelegt
haben. Die Behauptung des Herrn S. G. widerlegen zur Genüge die
folgenden Zahlen: Der Tarif für Erzeugnisse der Textil-Industrie (auf
diese kommt es ja vor allem an) „von Lodz nach Moskau oder von
Moskau nach Lodz betrug 60 Kopeken (nach dem neuen Tarif von
1893 — 91 Kopeken) pro Pud, von Lodz nach Odessa oder umgekehrt 67 (1893: 84) Kopeken, von Moskau nach Odessa" (also in
Rufsland selbst) „86 (1893: 105) Kopeken, von Lodz nach St. Petersburg oder umgekehrt 62 (1893: 79) Kopeken u. s. w." („Nowosti",
August 1893.) Die Tarife sind somit heute wie früher beim Waren-
transport von Polen nach Rufsland ganz dieselben wie die, welche für
gleiche Waren von Rufsland nach Polen berechnet werden. Das Angeführte wirft das Raisonnement des Herrn S. G. mitsamt dem pomp-
haften Schlufs von der „Wiedererrichtung der Zollgrenze zwischen
Polen und Rufsland" über den Haufen. — Beim Abschied von dem
von uns mehrmals citierten Verfasser eine Bemerkung. Aufser den

dieselbe einzig und allein von den Interessen der russischen
Bourgeoisie bestimmen lassen zu wollen. Die absolute Regierung Rußlands ist einstweilen mehr als die jedes Landes
in der Lage, auch eigene politische Interessen, ihre Herrschaftsinteressen, zur Geltung zu bringen. In dieser Beziehung hat
sich aber kraft historischer Umstände zwischen der russischen
Regierung und der polnischen industriellen Bourgeoisie ein
ganz eigenartiges Verhältnis herausgebildet. Es ist leicht ein-
zusehen, daß das Interesse des Absolutismus in Bezug auf Polen
vor allem auf Beibehaltung und Befestigung der Annexion
ausging. Das Hauptaugenmerk Rußlands seit dem Wiener
Kongreß richtete sich daher beharrlich auf die Unterdrückung
aller Spuren der nationalen Opposition in Polen und speciell
derjenigen gesellschaftlichen Klasse, welche als Trägerin der
Opposition auftrat, des Adels. Bei dieser Bestrebung erblickte
nun der russische Absolutismus einen erwünschten Verbündeten
in der polnischen industriellen Bourgeoisie. Polen durch
materielle Interessen an Rußland zu binden und in einer bereits unter den Fittigen des russischen Adlers entstandenen
Kapitalistenklasse, welche durch keine Tradition der Vergangenheit national, wohl aber durch Interessen ihrer Zukunft
servil gesinnt wäre, das Gegengewicht gegen die nationale
Gährung des Adels zu schaffen — das war der Zweck der
russischen Politik, den sie mit gewohnter eiserner Konsequenz
verfolgte. Man muß ihr zugeben, daß sie sich in der Wahl
der Mittel nicht geirrt und die Natur der polnischen Bourgeoisie
richtig herausgefühlt hatte. Kaum war die Manufaktur in
Polen aufgekeimt, und kaum hatte sie von dem Honig der
russischen Absatzmärkte gekostet, als sich schon das polnische
Unternehmertum zu der historischen Mission reif fühlte, als
Stütze der russischen Annexion in Polen zu dienen. Schon
im Jahre 1826 wurde der polnische Finanzminister Drucki-
Lubecki nach St. Petersburg abgeordnet mit der unterthänigsten
Bitte, die Zollgrenze zwischen Polen und Rußland ganz ab-

---

hier kritisierten sind auch die meisten anderen Behauptungen und
Angaben seines Artikels entweder direkt aus der Luft gegriffen oder
verdreht. So bringt er es z. B. fertig, die Aufhebung der russisch-
polnischen Zollgrenze, die, wie jeder Quartaner in Polen weiß, im
Jahre 1851 erfolgt war, als eine direkte Folge — des polnischen Aufstandes von 1863 zu erklären (l. c. S. 789) u. s. w. Diese und alle
anderen Verkehrtheiten sollten offenbar darthun, daß der polnische
Kapitalismus unter den russischen Verfolgungen zu Grunde gehe, wo-
raus sich eine materielle Grundlage für die nationalpolnischen Bestrebungen ergebe. Ist auch die Methode, ein politisches Programm
durch statistische Unrichtigkeiten zu begründen, an sich zweifellos ver-
fehlt, so läßt sich jedoch nicht bestreiten, daß gegebenenfalls diesen
Verdrehungen ein sehr sympathisches Motiv zu Grunde lag, nämlich
der aufrichtige Wunsch des Verfassers, auch seinerseits zur Befreiung
des Vaterlandes nach Kräften beizutragen.

zuschaffen, „da ja beide Länder ein einziges Ganzes bilden und Polen zu Rußland gehöre"[1]. In dieser Erklärung war bereits bündig das ganze politische Programm der polnischen Bourgeoisie ausgesprochen: die völlige Verzichtleistung auf die nationale Freiheit für das Linsengericht der russischen Absatzmärkte. Seitdem hörte die russische Regierung nie auf, die polnische Bourgeoisie zu unterstützen. Wir haben die lange Reihe von Gesetzen angeführt, welche seit den zwanziger Jahren zur Begünstigung der industriellen Kolonisation und der Entwickelung der Manufaktur in Polen erlassen wurden, den „eisernen Fond" zur Unterstützung der Industrie, die Gründung der mit allen denkbaren Privilegien ausgestatteten Polnischen Bank etc. etc.

Die Politik wurde aufs energischste in der späteren Zeit aufrechterhalten, noch zur Zeit Nicolaus' I. sehen wir die russische Regierung neue Verordnungen in derselben Richtung erlassen. Nichts wurde unterlassen, was das adelige, rebellische Polen in ein kapitalistisches, zahmes Polen verwandeln konnte. Und die polnische Bourgeoisie zeigte, daß sie ein dankbares Herz besitzt, denn nie hörte sie auf, die nationalen Regungen in Polen nach Kräften zu durchkreuzen und zu verraten, wofür namentlich ihre schmachvolle Haltung in den polnischen Aufständen genügend Zeugnis ablegt. Den wichtigsten Markstein in dieser Richtung der russischen Politik bildete die Abschaffung der russisch-polnischen Zollgrenze im Jahre 1851. Ein mit den einschlägigen Archiven der russischen Regierung durchaus vertrauter Historiker und der beste Kenner der Geschichte des russischen Zolltarifs, der Russe Lodyschensky, schreibt darüber:

„Die Aufhebung der Zolllinie zwischen dem Reiche und dem Königreiche wurde hauptsächlich durch Motive politischen Charakters hervorgerufen. Bekanntlich begann in den vierziger Jahren dieses Jahrhunderts in Europa eine geistige Gährung teils nationalen, teils socialistischen Charakters. Diese Gährung, welche sich auch der Bevölkerung Russisch-Polens mitgeteilt hatte, beunruhigte bis zu einem gewissen Grade die russische Regierung und bewog sie, nach Mitteln zu suchen, um Polen möglichst fest mit Rußland zu vereinigen. Eine der Hauptursachen, welche die Annäherung der beiden Länder verhinderten, war ihre ökonomische Absonderung"[2]. Um also diese „Absonderung" zu beseitigen, um Polen durch die materiellen Interessen seiner Bourgeoisie an Rußland zu fesseln, wurde die Zollgrenze abgeschafft. Auf demselben Standpunkte steht die russische Regierung auch noch heute und begrüßt immer noch den

---

[1] K. Lodyschensky, l. c. S. 220.
[2] l. c. S. 245.

wachsenden polnischen Absatz in Rufsland, als diejenige Kette,
die das annektierte Land am festesten an das Reich schmiedet.
So schreibt Mendelejeff in seinem Vorwort zum offiziellen Bericht über die russische Industrie zur Chicagoer Weltausstellung
vom J. 1893: „Die Erzeugnisse dieser und vieler anderer polnischer Fabriken finden einen stets wachsenden Absatz in ganz
Rufsland. Auf dem Wege des Wettkampfes dieses Industrierayons mit dem Moskauer Rayon wird einerseits der Grund-
zweck der protektionistischen Politik Rufslands, anderseits
diejenige Assimilierung Polens mit Rufsland erreicht, welche
den friedlichen Absichten des russischen Volkes (lies: der
russischen Regierung) entspricht" [1]. — Die bezeichnete specielle
Rolle, welche die polnische Bourgeoisie der russischen Regierung
gegenüber als Bollwerk der Annexion spielt, giebt auch wichtige
Aufschlüsse über die behandelte Hauptfrage, d. h. die Zukunft
des polnischen Kapitalismns. Es gehört in der That eine
enorme Dosis von Naivität dazu, um der russischen Regierung,
welche sich geradezu zur Aufgabe gemacht hat, in Polen den
Kapitalismus zu kultivieren und hiefür mehr als ein halbes
Jahrhundert lang alle Hebel in Bewegung setzte, die Absicht
zuzumuten, nun auf einmal denselben Kapitalismus wieder vernichten, die polnische Bourgeoisie zur Opposition treiben und
so das Werk eigener Hände mutwillig zerstören zu wollen.
Und zwar einzig und allein dem Moskauer Unternehmertum
zuliebe, für dessen Wehklagen und Zetern sie ein halbes
Jahrhundert lang taube Ohren hatte! Die russische Regierung
weifs leider ihre Herrschaftsinteressen besser zu wahren.
Welche diese Interessen in Bezug auf Polen sind, wissen wir
aus dem Munde ihres Vertreters: das ist „die friedliche
Assimilierung" Polens mit Rufsland, d. h. die Befestigung
seiner Herrschaft in Polen um jeden Preis. Diese Erklärung
wurde 1893 abgegeben, also lange nachdem der vermeintliche
neue Kurs in der russischen Politik begonnen haben sollte.

Die beste Bestätigung unserer Auffassung liefert die neueste
Geschichte der Beziehungen Rufslands zu Finnland. Wir
finden hier im kleinen Mafsstab eine genaue Wiederholung
der einstigen russischen Politik in Polen. Finnland bleibt bis
jetzt durch eine Zollgrenze vom Zarenreich getrennt und treibt
dem Auslande gegenüber eine selbständige und zwar viel
liberalere Zollpolitik, als Rufsland. Der finnländischen Industrie
kommen beinahe alle die Vorteile zu gute, welche bereits der
polnischen zur Blüte verholfen haben. Auch haben die finnländischen Erzeugnisse, besonders die der Metallindustrie, dank
u. a. dem niedrigeren Zolltarif an der russisch-finnländischen
Grenze, als an den übrigen russischen Grenzen, in Rufsland
Eingang gefunden, wo sie der einheimischen Industrie eine

[1] Die Fabrikindustrie, Einleitung, S. 29.

arge Konkurrenz bereiten. Die russischen Unternehmer, denen dies ein Dorn im Auge ist, versäumten selbstverständlich nicht, eine „allerunterthänigste" Aktion zum Schutze der „vaterländischen" Industrie gegen die „fremden" Rivalen — ganz wie seinerzeit gegen Polen — in Scene zu setzen. Die Regierung hat auch unter ihrem Druck die Zölle gegen Finnland, als ein ökonomisch fremdes, weil zollpolitisch selbständiges Gebiet zweimal — 1885 und 1897 — erhöht.

Würde nun die russische Regierung die Interessen dieser oder jener Unternehmergruppe dauernd zur Richtschnur ihrer ökonomischen Politik den anderssprachigen Reichsteilen gegenüber machen, so müfste sie konsequenterweise auf diesem Wege fortfahren, um Finnland durch eine chinesische Mauer von Rufsland abzuschneiden. Allein, das gerade Gegenteil ist thatsächlich der Fall. Die Regierung hat bereits für das Jahr 1903 d i e g ä n z l i c h e A u f h e b u n g d e r r u s s i s c h - f i n n l ä n d i s c h e n Z o l l g r e n z e und die Aufnahme Finnlands in das reichs-russische Zollgebiet angeordnet. Die „vaterländische" Industrie wird somit der unbeschränkten Konkurrenz der „fremden" ausgesetzt. Und wenn dies nicht schon früher geschehen ist, so sind daran wiederum nicht Rücksichten auf das Zetern einiger russischer Hüttenbesitzer schuld, sondern der Handelsvertrag mit Deutschland, wodurch sich das Zarenreich auf eine Reihe von Jahren gebunden hat. — Es ist klar, dafs die bevorstehende Reform den Anfang vom Ende der finnländischen Selbständigkeit in p o l i t i s c h e r Beziehung bedeutet, wenn sie auch vor allem auf die Vernichtung seiner ökonomischen Selbständigkeit ausgeht. Wir haben hier wieder vor uns ein Stück der · allgemeinen Politik des Zarismus, der sich über alle partiellen Interessen hinwegsetzt, um die verschiedenen Reichsteile einerseits durch das Russifizierungssystem geistig zu nivellieren, andererseits durch die ökonomische Zusammenschweifsung derselben der Reichseinheit ein festes materielles Gefüge zu geben und das Ganze in den eisernen Klammern der Alleinherrschaft zusammenzupressen, — eine Politik, die wir bereits in Polen kennen gelernt haben.

Freilich geht nicht alles in der Welt nach dem Wunsche der Regierenden. Indem die russische Regierung Polen ökonomisch dem Reiche einverleibt und den Kapitalismus als ein „Gegengift" der nationalen Opposition kultiviert, zieht sie eben dadurch in Polen eine neue Gesellschaftsklasse — das industrielle Proletariat — grofs, eine Klasse, welche ihrer ganzen Lage nach dazu getrieben wird, zum ernsten Gegner des absoluten Regime zu werden. Und wenn auch die Opposition des Proletariats nicht einen nationalen Charakter haben kann, so kann sie unter Umständen nur umso wirksamer werden, da sie eben die von der Regierung so erwünschte Solidarität der polnischen und der russischen Bourgeoisie logischerweise mit einer politischen Solidarität des polnischen und des russischen Proletariats beantwortet wird[1]. Diese ferneren Konsequenzen ihrer Politik können aber die russische Regierung nicht von ihrem heutigen Wege abbringen; einstweilen sieht sie in der kapitalistischen Entwicklung Polens nur die Klasse der Bourgeoisie. Solange Rufsland deshalb seine Herrschaft über Polen aufrecht zu erhalten sucht, solange wird auch der industrielle Flor in Polen im Programm der Regierung geschrieben stehen. Diejenigen also, die eine auf die ökonomische Absonderung Polens gerichtete Regierungspolitik gewärtigen, nehmen für Zukunftserscheinungen, was zur Vergangenheit gehört, und ihre ungenügende Kenntnis der bisherigen Geschichte für tiefere Einsicht in die zukünftige.

5. Die ökonomischen Interessen Rufslands im Orient.

Von eminenter Bedeutung für die von uns behandelte Frage ist endlich auch die neue Richtung, welche in den letzten zehn Jahren in der russischen ökonomischen Politik dem Auslande gegenüber zu Tage getreten ist. Bis dahin ging nämlich die Bestrebung Rufslands darauf aus, seinen Bedürfnissen nach Fabrikaten und Rohmaterialien durch eigene Produktion zu genügen und sich von der auswärtigen Einfuhr zu emanzipieren. Heute gehen seine Bestrebungen weiter, heute will es sich bereits auf den Weltmarkt hinaus wagen und selbst den anderen kapitalistischen Nationen auf fremdem Boden die Stirne bieten. Freilich rührt diese Tendenz nicht von der russischen Bourgeoisie selbst her; die eigenartige ökonomisch-politische Entwicklung Rufslands hat es mit sich gebracht, dafs die Politik hier vielfach aus eigenem Interesse die Initiative des ökonomischen Fortschritts ergreift. Während in den meisten kapitalistischen Staaten die Industrie, in dem Mafse, als es ihr in den Grenzen des inneren Marktes zu eng wird, die Regierung antreibt, neue Absatzmärkte durch Eroberungen oder durch Verträge zu erwerben, sieht in Rufsland umgekehrt die Zarenpolitik in der industriellen Ausfuhr ein Mittel, die zur politischen Beute ausersehenen Länder Asiens zunächst in ökonomische Abhängigkeit von Rufsland zu bringen. Während deshalb die russischen Industriellen zum gröfsten Teil keinen Finger rühren, um einen Platz auf dem Weltmarkt zu erobern,

---

[1] Diese Seite der Frage, mit der wir uns hier nicht näher befassen können, haben wir eingehender im Zusammenhang mit der politischen Entwicklung der polnischen Gesellschaft behandelt in den Aufsätzen: Der Socialpatriotismus in Polen „Neue Zeit", 1895/96, Nr. 41, Stuttgart, Von Stufe zu Stufe, zur Geschichte der bürgerlichen Klassen in Polen l. c. 1897/98, Nr. 6 und La questione polacca al Congresso internazionale di Londra, „Critica Sociale", Rivista quindicinale del Socialismo Scientifico, Nr. 14 1896, Milano.

spornt sie die Regierung unaufhörlich in dieser Richtung an.
Alles wird ins Werk gesetzt, um den Fabrikanten Rührigkeit
und Ausfuhrlust beizubringen: Ermahnungen, Aufforderungen,
Expeditionen zur Erforschung neuer Absatzgebiete, die Errichtung kolossaler Eisenbahnen, wie die sibirische und die
ostchinesische, Rückerstattung von Zöllen und Steuern beim
Warenexport[1], endlich direkte Prämien zu diesem Zwecke.
Die hier in erster Linie in Betracht kommenden Länder sind:
China, Persien, Mittelasien und die Balkanstaaten. 1892 wurde
unter der Leitung des Prof. Posdnejew eine Expedition, die
sowohl wissenschaftlichen, als Handelszwecken dienen sollte,
nach Mongolien abgeordnet. Schon früher hatten die Russen
daselbst die Pferdepost eingeführt, die von ihnen auch betrieben
wird. — In folgendem Jahre wurde nach Persien zur Erforschung der dortigen Handelsverhältnisse der Beamte des
Finanzministeriums Tomara geschickt, und was besonders
wichtig, zur Unterstützung des russischen Handels der Umbau
des persischen Hafens Enseli in Angriff genommen. In demselben Jahre arbeitete das Finanzministerium einen Entwurf
aus betr. die Verbesserung der Verkehrswege von der russischen
Grenze nach Teheran, Tauris und Meschhed und die Gründung
einer russischen Kreditanstalt in Persien. — Um den Absatz
in Ostsibirien für die eigenen Kaufleute zu monopolisieren und
die Engländer aus dem Felde zu schlagen, beschloß Rußland
1896 das Portofranko auf dem Fluß Amur und in dem Hafen
Wladiwostok, welches sich auf alle Erzeugnisse, ausgenommen
die in Rußland mit Accise belegten, erstreckte, abzuschaffen. —
Die wichtigste Maßnahme jedoch, wodurch die Regierung dem
russischen Handel in Mittelasien unter die Arme zu greifen
hoffte, war der kostspielige Bau der Transkaspischen Eisenbahn. — Nicht minder, oder richtiger noch viel mehr Aufmerksamkeit wendet Rußland China zu. Bis vor kurzem
wurden die Handelsgeschäfte Chinas mit dem Auslande von
der deutschen, französischen und einigen englischen Banken[2] be-
sorgt. Die russische Regierung beeilte sich daher 1896 eine
russische Bank in Shanghai zu gründen. „...Eine Aufgabe der
Bank" — schrieb seinerzeit das Organ des russischen Finanzministeriums — „ist es, den ökonomischen Einfluß Rußlands
in China zu befestigen und dadurch ein Gegengewicht zu dem
Einfluß anderer europäischer Nationen zu schaffen. Von diesem
Standpunkte erscheint besonders wichtig, daß die Bank sich

---

[1] S. die Erlasse vom Dezember 1892 über die Rückvergütung der
Zölle beim Export von Textilindustrieprodukten, ferner beim Zuckerexport.
[2] Deutsch-Asiatische Bank, Comptoir National d'Escompte de Paris,
Hong-Kong and Shanghai Banking Corporation, Chartered Bank of
India, Australia und China, Chartered Mercantil Bank of India, London
and China, Bank of China, Japan and the Straits.

möglichst der chinesischen Regierung zu nähern sucht, daſs
sie in China die Steuern einkassiert, Operationen unternimmt,
welche sie mit dem chinesischen Fiskus in Berührung bringen,
Zinsen von den chinesischen Staatsschulden auszahlt etc.[1].
Die anderen Maſsnahmen Ruſslands, wie der Bau der ost-
chinesischen Eisenbahn u. a., sind zur Genüge bekannt.

Das bisherige Resultat dieser Bemühungen wurde vor
kurzem offiziell erforscht und hat sich als fast einem gänzlichen
Fiasko gleich herausgestellt. Es galt für den russischen Absatz
in allen Ländern, wohin ihn die Regierung richten wollte, die
ernste Konkurrenz der deutschen, französischen, vor allem
aber der englischen Industrie zu bestehen, und das russische
Unternehmertum hat sich der Rolle nicht entfernt gewachsen
gezeigt. Sogar auf eigenem Staatsgebiet in Ostsibirien war
Ruſsland, solange es den freien Wettbewerb mit anderen
Nationen zu bestehen hatte, nicht im stande, ihnen die Wage
zu halten. Die Einfuhr in dem wichtigsten sibirischen Hafen
Wladiwostok betrug

	aus Ruſsland	vom Auslande
	in 1000 Rubeln	
1887	2 016	3 725
1888	2 121	3 763
1889	2 385	3 325 [2]

Ein Ergebnis dieser Sachlage war auch der erwähnte Ent-
schluſs Ruſslands, Ostsibirien in das Zollgebiet des Reiches
aufzunehmen.

Der russische Export nach China ist gleichfalls kaum
nennenswert im Vergleich zu demjenigen anderer Nationen.
An der Gesamteinfuhr von beinahe 330 Millionen Rubel be-
teiligt sich hier Ruſsland mit nur ca. 4,5 Millionen:

1891	1892	1893	1894
	in 1000 Rubeln		
4 896	4 782	4 087	4 488 [3]

Ein ähnliches Bild haben auch die Erhebungen über den
Handel mit Mittelasien geliefert. Die von Ruſsland ge-
baute Transkaspische Eisenbahn, auf die man so groſse
Hoffnungen setzte, erwies sich auch wirklich als ein vorzüglicher
Handelsweg . . . für die Engländer, die nun die Möglichkeit
erlangt haben, den hohen Durchgangszoll in Afghanistan zu
umgehen. Die russische Ausfuhr nach Transkaspien, Chiwa,
Bukhara und Turkestan hat nach einem kurzen Aufschwung
in den letzten Jahren wieder zu sinken begonnen. Von den
wichtigsten registrirten Artikeln wurde befördert:

---

[1] „Der Finanzbote“, Nr. 52 vom 5. Januar 1896.
[2] Sibirien und die Sibirische Eisenbahn, S. 246.
[3] Die Produktivkräfte Ruſslands, Auswärtiger Handel, S. 26.

	1888	1889	1890	1891	1892	1893
			in 1000 Pud			
Im ganzen	1,141	1,296	1,685	2,922	2,102	1,854
davon Erzeugn. d. Textilind.	201	245	541	671	397	538
Zucker	422	457	531	1,048	516	150 [1]

Der englische Import aus Indien hingegen ist in der gleichen Zeit dank der russischen Bahn, wie dies von offizieller russischer Seite konstatiert wurde, rapid gewachsen. Bukhara z. B. erhielt von den 4 Hauptstationen dieser Linie:

	1888	1889	1890	1891	1892 [2]	1893	insgesamt
				in Pud			
an russ. Erzeugn.	572	1,176	1,863	923	267	244	5,045
- engl. Erzeugn.	1,160	4,209	8,516	12,761	4,443	16,154	47,243 [3]

Um die Ausfuhr Rußlands nach Afghanistan ist es ebenso schlecht bestellt. Der Import der Erzeugnisse der russischen Textilindustrie betrug hier

1888—1890 (25 Monate)   163,245 Pud
1893   (12   „   )   10,000   „   [4]

d. h. ungefähr acht Mal weniger pro Jahr.

Verhältnismäßig am besten reüssiert der russische Handel in Persien. Die russischen Baumwollerzeugnisse machen bereits ca. 30 % des persischen Konsums aus und ihre Einfuhr beziffert sich

1887—1890 jährlich auf 48,000 Pud
1891—1894   „   „   73,000   „   [5]

In den nördlichen Provinzen Gilan und Masandaran hat die russische Textilindustrie die englische fast verdrängt, im gesamten persischen Import jedoch spielt Rußland — dem offiziellen Zeugnis nach — einstweilen eine sehr geringe Rolle. Dies trotzdem die russische Industrie sich hier in der günstigsten Lage befindet, da ihr die im Kaukasus wohnhaften Perser und Armenier, welche für eigene Rechnung den Handel betreiben, als geeignetste Vermittler dienen, während die Kaufleute anderer Nationen zu Kommissionsgeschäften und dies auch bloß in den größeren Städten Persiens Zuflucht nehmen müssen.

Das Gesamtbild der Ausfuhr Rußlands nach seinen wichtigsten asiatischen Absatzgebieten sieht folgendermaßen aus:

1894	Insgesamt	Lebensmittel	Fabrikate	Rohstoffe u. Halbfabr.
nach Persien	12 Mill. R.	7,5 Mill. R.	3,5 Mill. R.	—
- China	4,5 - -	0,1 - -	3,4 - -	0,7 Mill. R.
- Mittelas.	3,8 - -	1,7 - -	0,4 - -	0,9 - - [6]

---

[1] „Der Finanzbote", Nr. 44 vom 11. November 1894.
[2] Choleraepidemie.
[3] l. c. Der gesamte russische Absatz an Erzeugnissen der Textilindustrie in Bukhara betrug 1890—1893 durchschnittlich 140,000 Pud pr. Jahr.
[4] l. c.
[5] Die Produktivkräfte etc. VIII, S. 5. Nach dem „Finanzb." (l. c.) 120,000 Pud jährlich.
[6] „Der Finanzbote", Nr. 52 vom 10. Januar 1897, desgl. die Produktivkräfte etc., Auswärtiger Handel Rußlands S. 25—26.

Man sieht, das Programm der russischen Regierung in Asien ist im ganzen noch weit von seiner Verwirklichung entfernt, und das erzielte Resultat entspricht jedenfalls dem in dieser Richtung gemachten Kraftaufwand in keiner Weise. Es wäre indes ein Irrtum, dies auf die technische Rückständigkeit der russischen Industrie allein zurückzuführen. Freilich steht Rußland in dieser Beziehung in einer ganzen Reihe wichtiger Branchen — wie die Metall-, die Wollindustrie etc. — anderen Industriestaaten nach, und es müßte, um den Konkurrenzkampf auf dem Weltmarkte mit Erfolg aufnehmen zu können, unbedingt seine Produktionsmethoden vervollkommnen. Allein, es kommt noch ein weiteres nicht minder wichtiges Moment hinzu, welches hauptsächlich die Pläne der Regierung in Asien bis jetzt durchkreuzte. Denn auch da, wo die russische Industrie — wie in der Herstellung geringerer Sorten der Baumwollstoffe —, nach den kompetenten Zeugnissen einzelner Forscher[1] und selbst der britischen Konsuln in Persien, über die englische wohl den Sieg davon tragen könnte, haben es die russischen Industriellen bis jetzt doch nicht weit gebracht, und die Ursache davon ist der ganze Habitus des russischen, speciell des Moskauer Unternehmertums, wie er sich infolge der langjährigen prohibitiven Zollpolitik Rußlands herausgebildet hat. Verhätschelt von der Regierung durch allerlei Liebesgaben und Begünstigungen, verwöhnt durch enorme Monopolprofite, verwöhnt ferner durch einen kolossalen innern Absatzmarkt und durch die Immunität von der auswärtigen Konkurrenz, verspürt das Moskauer Unternehmertum überhaupt weder Lust, noch Bedürfnis, sich dem rauhen Wetter des Weltmarktes auszusetzen und sich mit gewöhnlichen Profiten zufrieden zu geben. Es ist sozusagen die Profit-Hypertrophie, die die Moskauer so schwerfällig und apathisch in der Aufsuchung neuer Absatzmöglichkeiten macht, daß sie in dem auswärtigen Handel höchstens das Mittel sehen, entweder hohe Ausfuhrprämien einzustecken, oder durch schwindelhafte Warenlieferungen und plumpste Prellereien in Gewicht, Maß und Warengattung einmalige Schachergewinne zu erzielen. Steht weder das eine noch das andere in Aussicht, so beantwortet der Moskauer Fabrikant etwa einlaufende Bestellungen von auswärts mit hartnäckigem Schweigen.

Dieser Handelsmodus tritt in den Beziehungen mit Asien deutlich zu Tage. So war z. B. der 1890 und 1891 nach Bukhara und Chiwa massenhaft importierte russische Kattun

[1] So sagt z. B. H. Kuhn in seinem Buche „Die Baumwolle, ihre Cultur, Structur und Verbreitung", 1892: „Die russischen Producte zeichnen sich durch Solidität vortheilhaft aus ... Es werden zumeist nur die niedrigen Nummern angefertigt, aber in diesen kann Rußland selbst mit England erfolgreich concurriren". (Die Fabrikind. I, S. 23.)

in einer Weise angefertigt, daſs er von den Muselmännern viel
weniger für Bekleidungszwecke, als zum Färben der Neujahrs-
eier verwendet werden konnte. In den folgenden Jahren
wandte sich die Bevölkerung selbstverständlich wieder den
englischen Erzeugnissen zu, und dies ist die Ursache, welche
mehr noch als die Choleraepidemie und die Miſsernte den
jähen Fall der russischen Einfuhr in Mittelasien in den Jahren
1892 und 1893 nach sich zog[1]. Ebenso bezeichnend ist die
Geschichte des Zuckerhandels mit Asien. Solange beim Export
des Zuckers die Accise rückvergütet wurde, nahm die Ausfuhr
desselben nach Persien und Bukhara rapid zu; als die Rückvergütung suspendiert wurde, erschien das Geschäft den Russen
nunmehr zwecklos und die Ausfuhr sank plötzlich von
1,047,996 Pud im Jahre 1891 auf 516,021 Pud im Jahre 1892
und auf 150,128 im Jahre 1893[2]. Eine andere interessante
Seite des kommerziellen Geistes der Moskauer offenbart sich
in ihrem Handel mit Sibirien, wo sie es fertig bringen, zuerst
Reisende mit Mustern behufs Gewinnung von Bestellungen
auszuschicken und sich nachher weigern, diese Bestellungen
nach den eigenen Mustern auszuführen[3]. Endlich kommt die
Rührigkeit der Moskauer wohl am grellsten in ihrem Verkehr
mit China zum Vorschein, indem sie, von dort mit Bitten um
Anknüpfung von Handelsbeziehungen angegangen, diese Zu-
mutung stillschweigend zurückweisen[4].

Nach eingehender Prüfung der Ergebnisse des asiatischen
Handels Ruſslands kommt das Organ des Finanzministeriums

---

[1] „Der Finanzbote", Nr. 44 vom 11. November 1894.

[2] Wie von der Regierung konstatiert wurde, machten viele Zucker
partien bloſs zum Schein den Weg nach Mittelasien, um die Accise
rückerstattet zu bekommen und, die mangelhafte Grenzbewachung be-
nutzend, unvermerkt „nach dem Vaterlande" zurückzukehren. Manche
Sendungen mochten die einträgliche Reise mehrmals gemacht haben,
bevor sie wirklich in Persien zum Verkauf gelangten. Dies bewog auch
die Regierung zur zeitweiligen Suspension der Rückerstattung der Accise
und zur Reorganisierung der Grenzbewachung. („Der Finanzbote" Nr. 15
vom 25. April 1897.)

[3] „Einige Moskauer Fabriken haben sich endlich entschlossen, in
ihren Beziehnngen mit Sibirien das System der Commis Voyageure an-
zuwenden, aber dank unserer Plumpheit entsteht daraus einstweilen
mehr Konfusion und Miſsverständnisse, als Nutzen. Im Sommer hat
die Firma Konschin ihre Commis mit Warenmustern nach Sibirien
geschickt und unlängst erhielt sie auch zwei Bestellungen aus Wladi-
vostok, die Firma schlägt es aber schon ab, dieselben genau auszuführen,
da sie nicht mehr im stande sei, die Ware nach dem Muster zu liefern".
(„Sibir" vom 8/20. Januar 1897.)

[4] „Die Firma Peter Wereschtschagin & Co. in Hangkou, welche
beabsichtigte, sich ausschlieſslich dem Absatz russischer Waren in China
zu widmen, hat sich noch am 6. September (1896) an 14 Moskauer Fabrikanten mit der Bitte um Muster und überhaupt um Anknüpfung von
Beziehungen gewendet, aber bis dato (Januar 1897) hat ihr nur ein
einziger Antwort gegeben". (l. c.)

auch zu folgendem Schluſs: „Die charakteristischen Züge der slavischen (will hier heiſsen: russischen) nicht kommerziellen Rasse und die absolute Apathie und Trägheit des Moskauer Unternehmertums kommen zum Ausdruck ebenso kraſs wie vollkommen in unserem Handel mit Mittelasien"[1]. Fast in den gleichen Worten formulieren auch andere Blätter verschiedener Richtungen — die Novosti, Nowoje Wremja, St. Petersburger Nachrichten u. a. — die Ursachen des Miſserfolges des russischen Absatzes im Osten[2]. Und neulich kommt wiederum das Organ des Finanzministeriums auf das gleiche Thema zu sprechen: „Nur Persien" — schreibt es im Januar 1897 — „kann als Absatzmarkt für die Erzeugnisse unserer Baumwollindustrie gelten; die Versuche, für uns die chinesischen und mittelasiatischen Märkte zu erobern, können bis jetzt nicht als gelungen betrachtet werden, und daran ist zum Teil die Unfähigkeit, uns den Anforderungen und Gewohnheiten der Abnehmer anzupassen, vor allem aber der Umstand schuld, daſs unsere Unternehmer es vorläufig noch zu gut zu Hause haben, um sich um auswärtige Absatzmärkte kümmern zu wollen"[3].

So erscheint das ganze Wesen des Moskauer Unternehmertums und besonders sein Bestreben, sich durch allerlei künstliche chinesische Mauern in einer privilegierten Stellung zu erhalten, als mit der heutigen Tendenz der russischen auswärtigen Politik unvereinbar und ihr direkt zuwiderlaufend. Es ist klar, daſs das wirksamste Mittel gegen alle Trägheit Moskaus und seine Praktiken im Handel, ebenso wie gegen die technische Zurückgebliebenheit, — der Übergang Ruſslands zu einer liberaleren Zollpolitik wäre, die den Moskauer Rayon aus der Treibhausatmosphäre des Monopols reiſsen und im eigenen Lande der fremden Konkurrenz aussetzen würde. Es scheint uns auch keinem Zweifel zu unterliegen, daſs einerseits die Interessen des Absolutismus in Asien, andererseits die Ausdehnung der kapitalistischen Landwirtschaft und die Interessen des Grundbesitzes Ruſsland über kurz oder lang auf die Bahn einer gemäſsigteren Zollpolitik drängen werden. Vor allem aber kann nur auf einem Wege Abhilfe geschaffen werden, nämlich durch die Verschärfung der Konkurrenz innerhalb der russischen Zollgrenzen, d. h. dadurch, daſs man Moskau der unbeschränkten Konkurrenz der fortschrittlichen Industrierayons: Polen und St. Petersburg rücksichtslos preisgiebt. Diese Gesichtspunkte hat auch der ein-

---

[1] „Der Finanzbote", Nr. 44 vom 11. November 1894.
[2] So schreibt das Blatt „Sibir" vom 20. Januar 1897: „Geschützt durch fast prohibitive Zölle und allerlei staatliche Maſsnahmen, verspüren die apathischen Moskauer Unternehmer kein Bedürfnis nach neuen Absatzmärkten".
[3] „Der Finanzbote", Nr. 52 vom 10. Januar 1897.

flufsreichere Teil der russischen Presse, so die „Nowoje Wremja",
im Anschlufs an die Erörterungen über die Interessen des
Zarenreiches in Asien ausdrücklich hervorgehoben [1]. Dafs die
Regierung ihrerseits sich jetzt auch thatsächlich anschickt,
mit dem wirtschaftlichen Schlendrian Moskaus aufzuräumen
und die Moskoviter auf die Bahn einer modernen Produktions-
und Handelstechnik zu drängen, beweist am besten das neueste
Gesetz über den Maximalarbeitstag, welches den schroffsten
Bruch mit der bisherigen Produktionsweise Moskaus bedeutet,
während es zugleich als eine Verwirklichung des polnischen
Projektes von 1892 erscheint.

Im gleichen Mafse, als der ökonomische Konservatismus
Moskaus ein Hemmschuh der heutigen Politik Rufslands ist
und mit jedem Tag es immer mehr wird, erscheint die
polnische Industrie wieder einmal als Bundesgenossin des
Zarismus. Wir haben bei dem Vergleich der Konkurrenzbedingungen der polnischen Produktion mit der centralrussischen
gezeigt, wie sehr Polen in technischer Beziehung hoch über
Moskau steht. Schon aus diesem Grunde, als der fortschrittlichste Industrierayon Rufslands, als derjenige, welcher die
übrigen, speciell den Moskauer, durch seine Konkurrenz unaufhörlich zu technischen Verbesserungen anspornt, ver-
wirklicht das kapitalistische Polen das neueste russische
Regierungsprogramm. Aber auch direkt in der Eröffnung der
asiatischen Absatzmärkte schreiten die polnischen Industriellen
den russischen voran. Wir haben gesehen, wie ernst und
gründlich sie sich zu dieser Aufgabe vorbereiten. Ohne die
Aufforderung der Regierung abzuwarten, ergreifen sie selbst
die Initiative und knüpfen auf eigene Faust Handelsbeziehungen
mit dem Auslande an.

In dem einzigen Lande, wo der russische Handel verhältnismäfsig gedeiht, — in Persien — bilden die Erzeugnisse
der polnischen Textilindustrie beinahe die Hälfte der ganzen
einschlägigen Einfuhr aus Rufsland, — ca. 40% des Imports
über die wichtigste Verbindungsstation Baku [2]. Den Polen
gehört auch in mancher Hinsicht die Initiative der Handelsbeziehungen mit Persien; bereits 1887, also bevor noch die
Regierung diesem Lande ihre Aufmerksamkeit zugewandt hatte,
schickten sie sich an, in Teheran eine eigene Handelsagentur
und ein Warendepot zu eröffnen [3]. Lodz benutzte auch sofort

---

[1] Angeführt in der „Gazeta Polska" vom 3. und 5. Dezember 1894.

[2] „Der Finanzbote", Nr. 44 vom 11. November 1894.

[3] „... In consequence of some important orders for carriages and
linen which die Shah of Persia had given to the manufacturers of those
articles in Poland, the attention of the mercantile community on this
country was called to the possibility of establishing direct commercial
relations with Persia; ... with this object in view a large commission
agent proceeded to that country about the end of last year for the

die Transkaspische Bahn, um neben St. Petersburg und Moskau mit ihren Waren nach Mittelasien vorzudringen[1]. Der Warschauer Rayon ist derjenige, der die höheren eingewanderten Bevölkerungsschichten in Bukhara und Turkestan mit Glas-, Fayence- und Porzellanwaren versieht, während die geringeren Moskauer Erzeugnisse nur von den ärmeren Eingeborenen gekauft werden[2]. Lodz ist bis jetzt der einzige Industrierayon des Reiches, dessen Textilindustrieprodukte in Konstantinopel und in den Balkanländern Eingang gefunden haben[3]. Bereits 1887 knüpfte Polen mit Rumänien und Bulgarien Handelsbeziehungen an[4]. Neulich fing Lodz an, direkt nach Sophia seine Baumwollerzeugnisse zu schicken[5]. Ja, die polnische Bourgeoisie möchte, unter Benutzung der sibirischen Eisenbahnlinie, Warschau zum Mittelpunkt des neuen grofsen europäisch-asiatischen Handelsweges machen[6]. „The British Manufacturer" — schreibt der englische Konsul in Warschau — „may be prepared to find in them (den polnischen Unternehmern) formidable rivals in the markets of the East"[7].

Auf diese Weise arbeitet der polnische Kapitalismus in Asien der zarischen Politik direkt in die Hände.

Aus dem obigen so diametral entgegengesetzten Verhalten Moskaus und Polens gegenüber den von der russischen Politik gesteckten Zielen folgt auch eine grundverschiedene Strömung in der öffentlichen Meinung den beiden Rayons gegenüber. Immer stärker wird die Partei des inneren Freihandels, des technischen Fortschritts, die Partei, welche gegen die staatliche Bevormundung und Beschirmung der rückständigen Industrie auftritt, weshalb sie auch dem polnischen Rayon sympathisch gegenübersteht, und immer vereinzelter steht das Moskauer Unternehmertum da mit seinem urväterlichen Glauben an die Dreieinigkeit: Garantien, Prämien, Subsidien. Die Moskau feindselige Stimmung hat sich deutlich ausgesprochen aus dem Anlafs eines von ihm auf dem Jahrmarkt in Nischni-Nowgorod 1893 eingereichten Gesuchs um Besteuerung der polnischen Commis-voyageure. So lesen wir in den „Novosti": „Während desselben Jahrmarkts . . . verfafsten und reichten dem Finanzminister dieselben Vertreter des praktischen Protektionismus

---

purpose of making himself thoroughly acquainted with its markets, taking with him a considerable quantity of samples of different kinds of goods, and it is said that, if his journey is attended with favourable results, a wholesale depôt and commission agency will be opened at Teheran" (Dipl. and Cons. Reports Nr. 321, S. 5).

[1] „Der Finanzbote", Nr. 44 vom 11. November 1894.
[2] l. c.
[3] l. c.
[4] Diplom. and Cons. Reports Nr. 321, S. 4.
[5] „Gazeta Handlowa" vom 25. November 1896.
[6] „Ateneum" 1894 Bd. IV, Heft II, S. 241, 242.
[7] „Diplom. and Cons. Rep. Nr. 321, S. 5.

eine Petition ein, betreffend eine specielle Besteuerung der Commis-voyageure der Lodzer Fabriken, mit der unverhohlenen Absicht, den Moskauer industriellen Rayon von der Lodzer Konkurrenz zu befreien. Nach dem gesunden Menschenverstande sollten die Moskauer Fabrikanten im Interesse der russischen Industrie und der russischen Konsumenten nur dem vortrefflichen Beispiel der Lodzer Fabrikanten folgen, und reisende Commis anstellen, den Produzenten dem Konsumenten näher bringen und so den Absatz eigener Produkte verbilligen und erleichtern. Aber nicht einmal so viel Unternehmungsgeist liegt in den Sitten und Gewohnheiten der vom Protektionismus verhätschelten Praktiker; sie ziehen vor, verschiedene Streiche gegen ihre Konkurrenten zu führen . . ." [1]. Und zum Schlusse noch ein charakteristisches Citat aus dem offiziellen Regierungsorgan „Warschauer Tagblatt" über die allgemeinen Aufgaben der auswärtigen industriellen Politik Rufslands : „Gerade auf die Eröffnung dieser neuen Absatzmärkte in Mittelasien und in Persien rechnen wir für das Gedeihen unserer Industrie, und wir wiederholen, dafs es sehr zu bedauern ist, dafs die Löwenportion der Profite nach dem Auslande geht, während für unsere armen Arbeiter (!) blofs die Krümchen übrig bleiben. Unser Handel mit Mittelasien und mit Persien hat noch nicht tiefe Wurzeln geschlagen, und die Vertreter des russischen Handels werden noch gar manchen Sieg über die englische Konkurrenz zu gewinnen haben, um jene Absatzmärkte für Rufsland zu erobern. Angesichts des gemeinsamen Feindes sollten die Moskauer und die polnischen Unternehmer ihre Kräfte vereinigen um gemeinsam das gleiche Ziel zu erstreben. . . . . . Das Hauptziel für Rufsland auf den asiatischen Märkten ist in diesem Augenblick die Ausschliefsung der englischen Waren. Es wäre dies eine untergeordnete Frage, welcher von den Industrierayons des Reiches mehr zur Erreichung dieses Zieles beiträgt, wenn nur die Profite aus der Industrie auf dem Weichselufer ausschliefslich der eingeborenen Bevölkerung zu gute kämen und nicht, wie es der Fall ist, dazu dienten, die Kapitalien deutscher Unternehmer, Angestellten und Arbeiter zu vergröfsern. Befände sich jene Industrie in den Händen von Russen oder Polen, so wären wir viel stärker in unserem Kampfe mit England und unsere Vorherrschaft in Mittelasien wäre gesichert" [2].

Selbstverständlich unterläfst das Regierungsorgan nicht, den deutschen Industriellen, die in der polnischen Industrie

---

[1] „Novosti" vom 4. November 1893.
[2] Wir entnehmen das Citat den Diplom. and Consular Reports Nr. 1183, S. 4.

· stark vertreten sind, dabei einen Hieb zu versetzen; es beschuldigt sie der Nichtbeachtung russischer Staatsinteressen, der ausschliefslichen egoistischen Besorgung ihrer eigenen „deutschen" Tascheninteressen u. s. w. Aber in der Hauptsache finden wir hier die wirkliche Lage des Augenblicks, wie sie von der russischen Regierung aufgefafst wird, in treffender Weise ausgesprochen: angesichts der bevorstehenden Aufgaben auf dem Weltmarkt treten die inneren Rivalitäten des polnischen und russischen Unternehmertums vollständig zurück. Insofern zwischen ihnen Uneinigkeit existiert, wird die Schuld auf das deutsche, der polnischen Bourgeoisie, wie wir gesehen, in gleichem Mafse verhafste Element geschoben. Die polnische Industrie an sich, ihre Entwicklung, ihr Gedeihen erscheinen hier von einem neuen Gesichtspunkt als direkt im Interesse der zarischen Regierung liegend: nachdem sie in Polen dazu gedient hatte, die russische Eroberung nachträglich zu befestigen, weist ihr der Zarismus nunmehr die schmeichelhafte Rolle zu, in Asien als der Vorläufer seiner künftigen Eroberungsgelüste zu dienen. Ja noch mehr, Polen spielt jetzt, wie wir gesehen, in der Verwirklichung dieser hehren Aufgaben die erste Rolle, während der Stern Moskaus, d. h. der speciellen Moskoviter ökonomischen Politik sich langsam zum Untergange neigt. Das neue russische Gesetz über den Maximalarbeitstag besagt, dafs die schönen Tage von Aranjuez — die Tage der primitiven kapitalistischen Accumulation, auch im russischen Reiche bald vorbei sind.

Schlufswort.

Unsere Aufgabe ist zu Ende. Wir glauben aus dem Vorhergehenden den Schlufs ziehen zu können, dafs alle Befürchtungen für die Zukunft der polnischen Industrie — sofern sie sich wenigstens auf die von der russischen Regierung drohende Gefahr beziehen — ganz grundlos sind und nichts anderes, als einen kritiklosen und oberflächlichen Abklatsch des intimen Unternehmerzankes des Lodzer und des Moskauer Unternehmertums darstellen. Blickt man tiefer in die Verhältnisse hinein, so mufs man zu dem Schlusse gelangen, dafs Polen in ökonomischer Beziehung nicht nur keine Absonderung von Rufsland bevorsteht, sondern dafs die aus der allgemeinen inneren Natur der grofskapitalistischen Produktion selbst sich ergebenden Tendenzen es vielmehr ökonomisch mit jedem Jahr stärker an Rufsland fesseln. Es ist ein immanentes Gesetz der kapitalistischen Produktionsweise, dafs sie darnach strebt, nach und nach die entlegensten Orte mit einander materiell zu verknüpfen, in ökonomische Abhängigkeit von einander zu bringen und schliefslich die ganze Welt in einen einzigen fest zusammengefügten Produktionsmechanismus zu verwandeln. Am stärksten wirkt diese Tendenz natürlich innerhalb eines und desselben Staates, innerhalb derselben politischen und Zollgrenzen. Die kapitalistische Entwicklung Polens und Rufslands ergab die nämlichen Resultate. So lange beide Länder vorwiegend agrikole und zwar naturalwirtschaftliche Länder waren, also bis zu den sechziger Jahren, blieben sie ökonomisch einander fremd und stellten jedes für sich ein abgeschlossenes Ganzes mit besonderen ökonomischen Interessen dar. Seitdem jedoch die Fabrikproduktion hier und dort auf gröfserer Skala begonnen, seitdem die Naturalwirtschaft der Geldwirtschaft Platz gemacht hat, seitdem die Industrie zu einem ausschlaggebenden Faktor im gesellschaftlichen Leben beider Länder geworden ist, schwindet auch die Abgeschlossenheit ihrer materiellen Existenz immer mehr. Der Austausch und die Arbeitsteilung knüpften zwischen Rufsland und Polen tausend Fäden, und die mannigfaltigen ökonomischen Interessen griffen so ineinander, dafs die polnische und die russische Ökonomik heute nur mehr einen komplizierten Mechanismus bilden.

Der geschilderte Prozefs spiegelt sich in sehr verschiedener Weise in dem Bewufstsein der verschiedenen Faktoren des polnischen öffentlichen Lebens wieder. Die russische Regierung erblickt in ihm ein Werkzeug ihrer Herrschaftspläne, glaubt Polen damit für immer ihrer Macht auf Gnade und Ungnade überantwortet und ein tausendjähriges Reich der Despotie gegründet zu haben. Die polnische Bourgeoisie sieht darin ein Fundament der eigenen Klassenherrschaft im Lande und eine unerschöpfliche Quelle der Bereicherung; sie wiegt sich in den süfsesten Zukunftsträumen beim Gedanken an Asien und glaubt darauf ein tausendjähriges Reich des Kapitals bauen zu können. Die verschiedenen nationalistischen Elemente der polnischen Gesellschaft endlich fassen den ganzen socialen Vorgang als ein einziges grofses nationales Unglück auf, welches ihre Hoffnungen auf die Wiederaufbauung eines unabhängigen polnischen Staates unbarmherzig zertrümmert. Sie fühlen instinktiv die Macht der ökonomischen Bande, welche der Kapitalismus zwischen Polen und Rufsland geschaffen hat, heraus und, ohne den fatalen Prozefs in Wirklichkeit aufhalten zu können, machen sie ihn wenigstens in der eigenen Einbildung rückgängig, indem sie sich an jeden Schein verzweiflungsvoll klammern und von der russischen Regierung selbst erwarten, dafs sie mit eigenen Händen die verhafste kapitalistische Entwicklung Polens vernichten und so für den Nationalismus wieder Boden schaffen werde.

Wir glauben, dafs die russische Regierung, die polnische Bourgeoisie und die polnischen Nationalisten im gleichen Mafse mit Blindheit geschlagen sind und dafs der kapitalistische Ver-

schmelzungsprozefs zwischen Polen und Rufsland noch eine
wichtige dialektische Seite hat, die sie ganz aufser Acht lassen.
Dieser Prozefs zeitigt nämlich aus eigenem Schofse den Moment, wo die Entwicklungsinteressen des Kapitalismus in Rufsland mit der absoluten Regierungsform in Widerspruch geraten werden, und wo die Zarenherrschaft an ihrem eigenen
Werke zu Grunde gehen wird. Früher oder später mufs die
Stunde schlagen, wo dieselbe heute von der Zarenregierung
so gehätschelte polnische und russische Bourgeoisie ihres politischen Anwalts — des Absolutismus — überdrüssig und den
König matt setzen wird. — Ferner bewegt sich aber der
kapitalistische Prozefs mit unaufhaltsamer Eile demjenigen
Moment entgegen, wo die Entwicklung der Produktivkräfte
auch im russischen Reiche mit der Herrschaft des Kapitals
unverträglich und wo an Stelle der privaten Warenwirtschaft
eine neue sociale Ordnung auf der Basis einer planmäfsigen
genossenschaftlichen Produktion treten wird. Die polnische
und die russische Bourgeoisie beschleunigen diesen Augenblick mit vereinigten Kräften, indem sie keinen Schritt vor-
wärts marschieren können, ohne auch die Reihen der polnischen und russischen Arbeiterklasse zu vermehren und vor-
wärts zu treiben. Die kapitalistische Verschmelzung Polens
und Rufslands erzeugt als das Endresultat, was in gleichem
Mafse von der russischen Regierung, der polnischen Bourgeoisie
und den polnischen Nationalisten aufser Acht gelassen wird:
die Vereinigung des polnischen und des russischen Proletariats
zum künftigen Syndikus bei dem Bankrott zuerst der russischen
Zarenherrschaft, und dann der polnisch - russischen Kapital-
herrschaft.

Die vorliegende Arbeit, samt dem Vorwort und dem
Schlufswort hat der Verfasserin in demselben Umfang und
dem nämlichen Wortlaut als Doktordissertation gedient. Dies
mag auch den akademischen Ton, in dem sie stellenweise gehalten ist, und das Überwiegen der statistisch-ökonomischen
über die politische Seite der Frage erklären.

Verzeichnis der benutzten Schriften.

In polnischer Sprache:

F. Rodecki, Geographisch-statistisches Bild des Königreichs Polen, Warschau 1830.

O. Flatt, Geographisch-statistische Beschreibung der Stadt Lodz, Warschau 1853.

Dr. T. Rutowski, Zur Frage der Landesindustrie, Krakau 1883.

W. Zalenski, Vergleichende Statistik des Königreichs Polen, Warschau 1876.

J. Bloch, Die Fabrikindustrie des Königreichs Polen 1871—1880, Warschau 1884.

Landwirtschaftliche Encyklopädie, Warschau, Bd. I 1890, Bd. II 1891, Bd. III 1894.

J. Bloch, Der Grundbesitz und dessen Verschuldung, Warschau 1890.

J. Bloch, Der Ameliorationskredit und die Lage der Landwirtschaft, Warschau 1892.

J. Bloch, Die bäuerliche Bank und die Parzellation, Warschau, 1895.

L. Gorski, Unsere Fehler in der Landwirtschaft, Warschau 1874.

Dr. J. Banzemer, Ein Bild der Industrie in unserem Lande, Warschau 1886.

Zeitschriften:

Monatsrevue „Ateneum", Warschau.

Wochenblatt „Przeglad Tygodniowy" (Wochenrevue), Warschau.

- „Kraj" (Land), St. Petersburg.

- „Prawda" (Wahrheit), Warschau.

Zeitung „Gazeta Handlowa" (Handelszeitung), Warschau.

- „Gazeta Polska" (Polnische Zeitung),

- „Kurjer Warszawski" (Warschauer Kurier), Warschau.

In russischer Sprache:

M. Zawielejsky, Statistik des Königreichs Polen, St. Petersburg 1842.

J. Posnansky, Produktivkräfte des Königreichs Polen, St. Petersburg 1880.

K. Lodyschensky, Geschichte des russischen Zolltarifs, St. Petersburg 1886.

Geschichtlich-statistische Rundschau der Industrie Rufslands. (Redigirt von D. A. Timirazew.) 2 Bände. St. Petersburg 1883.

J. J. Janschul, Umrifs der historischen Entwicklung der Industrie im Königreich Polen, Moskau 1887.

Die Fabrikindustrie und der Handel Rufslands. (Bericht zur Weltausstellung in Chicago.) Herausgegeben vom Handelsdepartement des Finanzministeriums. St. Petersburg 1893.

Die Land- und Forstwirtschaft Rufslands (Bericht zur Welt-

ausstellung in Chicago). Herausgegeben vom landwirtschaftlichen
Departement des Ministeriums der Staatsdomänen. St. Petersburg
1893.
Der Bergbau Rufslands (Bericht zur Weltausstellung in Chicago).
Herausgegeben vom Bergbaudepartement des Ministeriums der Staats-
domänen. St. Petersburg 1893.
G. Simonenko, Vergleichende Statistik des Königreichs Polen, Warschau 1879.
Gesuche der Kaiserlichen Freien Ökonomischen Gesell-
schaft betr. Revision des russischen Zolltarifs, St. Petersburg 1890.
P. A. Orlow, Register der Fabriken des europäischen Rufslands, in-
begriffen das Königreich Polen und das Grofsherzogtum Finnland,
St. Petersburg 1881.
Materialien zur Handels- und Industrie-Statistik Rufslands, Data über die Fabrikindustrie in Rufsland für die Jahre
1885—1887. Herausgegeben vom Handelsdepartement des Finanzministeriums, St. Petersburg 1889.
Materialien etc. für das Jahr 1888. St. Petersburg 1891.
-          -   -   -   - 1889. -   -   1891.
-          -   -   -   - 1890. -   -   1893.
-          -   -   -   - 1891. -   -   1894.
-          -   -   -   - 1892. -   -   1895.
Berichte der Mitglieder der Kommission zur Untersuchung der
Fabrikindustrie des Königreichs Polen, St. Petersburg 1888.
A. S., Der Kampf zwischen Moskau und Lodz, St. Petersburg 1889.
Materialien zur Statistik der Dampfmotore im russischen
Reiche. Herausg. vom Centralen Statistischen Komitee. St. Pet. 1888.
W. Swiatlowsky, Der Fabrikarbeiter, Warschau 1889.
Die Produktivkräfte Rufslands. Herausgegeben vom Finanz-
ministerium (zur industriellen Landesausstellung in Nischny-Now-
gorod), St. Petersburg 1896.
S. Scharapow, Gesammelte Schriften, St. Peterburg 1892.
Bericht des Fabrikinspektors für den Moskauer Rayon J. J. Jan-
schul, St. Petersburg 1884.
J. J. Janschul, Der Fabrikarbeiter in Mittelrufsland und im König-
reich Polen. Monatsrevue „Europäischer Bote", Bd. 1, Febr.-Heft
1888, St. Petersburg.
Bericht des Fabrikinspektors für den Petersburger Rayon K. W.
Dawydow, St. Petersburg 1886.
Bericht des Fabrikinspektors für den Rayon Wladimir, Dr. Pes-
kow, St. Petersburg 1886.
Memorandum des Warschauer Börsenkomitees über die Eisen-
bahntarife für Getreide. Im Buchhandel nicht befindlich.
N. P. Jasnopolsky, Die geographische Verteilung der Staatseinnahmen in Rufsland, Kiew 1890.
Sibirien und die grofse sibirische Eisenbahn (Bericht zur Weltausstellung in Chicago). Herausgegeben vom Handelsdepartement
des Finanzministeriums, St. Petersburg 1893.
R. Michajlow, Die Untersuchung der Naphthareste. „Mitteilungen
der Technologischen Gesellschaft", St. Petersburg, Nr. 1, Januar 1898.
E. M. Dementjew, Die Fabrik, was sie der Bevölkerung giebt und
was sie ihr kostet, Moskau 1893.

    Zeitschriften:
Zweimonatliche Revue „Arbeiten der Kaiserlichen Freien Ökonomischen
Gesellschaft", St. Petersburg.
Wochenblatt „Der Bote der Finanz, der Industrie und des Handels"
(Organ des Finanzministeriums), St. Petersburg.
Zeitung „Novosti" (Neuigkeiten)   -   -
-        „Nowoje Wremja" (Neue Zeit), St. Petersburg.

Zeitung „Sibir'" (Sibirien), St. Petersburg.
- „St. Petersburger Nachrichten", St. Petersburg.
- „Handels- und Industriezeitung", St. Petersburg.
In anderen Sprachen:
Blue Book: Royal Commission on Labour, Foreign Reports, Vol. X, Russia, London 1894.
Th. Brassey, Work and Wages, London 1872.
Foreign Office. Annual Series. Diplomatic und Consular Reports: On the Trade of the Kingdom of Poland No. 128, London 1887.
- - - - Warsaw No. 321, 1888.
- - - - Poland No. 1286, 1893.
- - - - the District of the Consulate-General at Warsaw, No. 863, 1891.
On the Trade of the District of the Consulate-General at Warsaw, No. 1183, 1893.
On the Trade of the District of the Consulate-General at Warsaw, No. 1449, 1894.
On the Trade of the District of the Consulate-General at Warsaw, No. 1535, 1895.
Foreign Office. Miscellaneous Series Reports: On the Peasantry and Peasant Holdings in Poland No. 355, 1895.
On the Position of Landed Proprietors in Poland No. 347, 1895.
Schulze-Gävernitz, Der Nationalismus in Rußland und seine wirtschaftlichen Träger. „Preußische Jahrbücher", Bd. 75, Januar-März 1894.
S. G., Die industrielle Politik Rußlands in dessen polnischen Provinzen. „Neue Zeit", Stuttgart, 1893/94 Bd. II Nr. 51.
Karl Marx, Das Kapital, Kritik der politischen Oekonomie, Hamburg 1894. Bd. III.
L. Brentano, Über das Verhältnis von Arbeitslohn und Arbeitszeit zur Arbeitsleistung, Leipzig 1893.

Im Text gebrauchte russische Maß- und Gewichtsbezeichnungen:

1 Berkowez	= 163,8	Kilogramm,
1 Pud	= 16,38	-
1 russ. Pfund	= 409,51	Gramm,
1 Werst	= 1066,78	Meter,
1 Arschin	= 0,71118	-
1 Dessjatin	= 1,0925	Hektar.

Printed by Libri Plureos GmbH
in Hamburg, Germany